编 委 会

本书为湖南省教育科学"十二五"规划重点资助课题《构建综合阅读体系，提升校园人文素养》（编号XJK013AZXX002）成果集。

诗意阅读

孟　玲／主编

中国出版集团　现代出版社

图书在版编目(CIP)数据

诗意阅读 / 孟玲主编. — 北京:现代出版社,

2020.7

ISBN 978-7-5143-8749-0

Ⅰ.①诗… Ⅱ.①孟… Ⅲ.①阅读课—教学研究—小

学 Ⅳ.①G623.232

中国版本图书馆CIP数据核字(2020)第122252号

诗意阅读

作　　者　孟　玲
责任编辑　张桂玲
出版发行　现代出版社
地　　址　北京市安定门外安华里504号
邮政编码　100011
电　　话　010-64267325 64245264
网　　址　www.1980xd.com
电子邮箱　xiandai@cnpitc.com.cn
印　　制　北京政采印刷服务有限公司
开　　本　710mm × 1000mm 1/16
印　　张　13.5
字　　数　236千
版　　次　2022年6月第1版　　2022年6月第1次印刷
书　　号　ISBN 978-7-5143-8749-0
定　　价　45.00元

第一篇 阅读课程

第二篇 阅读推广

第三篇 阅读论坛

第四篇 阅读课例

第一篇

阅读课程

创新阅读，追寻诗意方向

——诗意阅读教育实践

南县实验学校教育集团　孟 玲

让孩子身心舒展地生活着，毫无畏惧地尝试着，充满诗意地期待着，这才是教育应该给予的。南县实验学校追求"让生命诗意地栖居"的教育理想，以"营造诗意南洲"为奋斗目标，以"阅读"为依托，努力推进以"文化浸润"为特征的诗意教育，实现师生、学校的可持续发展。

一、十年磨剑，漫漫探索之路

阅读教育探索之路从2009年至今，将近十年的时间，分为四个阶段。

第一阶段：思谋构建，精心筹备

学校在启动创建综合阅读体系活动之前，为了全面了解孩子的阅读现状，我们以问卷调查、测试、访谈等形式对孩子的阅读兴趣、阅读习惯、阅读时间、阅读能力、阅读内容、阅读方法等进行了全面调查，还对孩子阅读书籍的来源、家庭购书能力、书店图书价格进行了了解，并根据阅读现状调查分析原因，初步形成方案。

同时，学校对原有阅读场馆及图书等阅读资源进行清理，对阅读场馆及配套设施，包括校园其他基础建设进行新建与改造，并对阅读资源进行补充与调整。

第二阶段：营造氛围，全力推进

为了配合综合阅读体系创建活动，学校把校训更换为"读进步的书，做最好的我"，以此体现营造"诗意校园"的教育特色及"为孩子的生命成长奠基"的办学理念。学校还进行全方位的文化建设，对办公室、教室、走廊、操场、花坛、绿地等进行校园文化建设，从文字到修饰，力求让校园每一个角落都活起来，从而让校园成为"文化浸润，感悟诗意"的理想教育场所，成为滋长幸福的"桃花源"。特别是在班级图书角建设方案的探索过程中，我们让孩子自主设计、自主管理，使孩子在参与中接受阅读文化的熏陶。

本阶段为了让阅读活动的开展得到保障，我们还制定了阅读场馆管理、阅读资源使用、阅读活动组织、阅读督查评价等管理制度，组织了小组共读、师生共读、教师小组共读、亲子共读等主题活动，开展了诗文诵读竞赛、辩论赛、故事会、书友会、"闻香节""拾穗节"等系列阅读实践活动。学校邀请专家对学校参与家庭、周边区域文化活动建设进行论证与指导，并组织开展相关活动。通过以上方法与策略，为孩子营造了全方位的阅读空间。

第三阶段：整合资源，研发课程

本阶段为了提升学校阅读文化的内涵和品质，在开展好常规阅读活动、完善各项管理制度的同时，我们致力于阅读课程的开发和使用。学校组织各科骨干教师研编了校本《阅读课程标准》，汇编了《阅读指导课案例集》《阅读活动课案例集》，开发了《"诗意南洲"系列校本读本》，并整理出两个图书室，分年级给孩子推荐阅读书目。

第四阶段：完善体系，总结推广

在前三个阶段的实验与调整的基础之上，我们总结出一套具有普适性的高效阅读指导性方案，扩大综合阅读体系实验学校数量，实现综合阅读体系的空间拓展，为全民阅读铺路。同时，本阶段不断研究综合阅读的长效机制，实现综合阅读体系的时间延展，为综合阅读体系持续发展护航。

二、创新实践，构建阅读体系

通过近十年的钻研与实践，我们摸索出一套保障学校可持续发展，整体服务和推进区域内精神文明建设的综合阅读体系。

（一）确立综合阅读体系三个阅读阵地，创造全面育人的读书平台

为了创设整体、全面、优良的阅读环境，我们努力建设好三个阅读阵地。

1. 建好学校图书馆

图书馆在文化建设中发挥着基层站点的作用，其对于学校的价值显而易见。多年来，我校高度重视在资金投入、人员配备等硬、软件方面进行图书馆的建设。学校新建了两个图书室，在原有图书的基础上添置了2万册新书。

2. 建好班级图书角

在完善学校图书馆建设的同时，学校又统一购买了图书柜，建设班级图书角，平均配书册数达到200本以上。班级图书角的完善，让每一个教室也都成了阅览室。这种阅读阵地的全面铺开，使孩子在耳濡目染中养成自觉读书的习惯。

3. 建好家庭书橱

只有涵盖了家庭的阅读，才是完整的阅读。学校用给家长写信的方式建议每个家庭为孩子设立一个"书香橱"，加大了对家长的影响力度，督促家长用实际行动保障孩子多读书、读好书。

（二）确立综合阅读体系与三个方面相结合，健全科学的阅读保障

1. 阅读与课内指导相结合，确保在校阅读时量与阅读时效

我们在课表中设置了相关的阅读课程，每周安排一节阅读课，组织所有孩子到图书室上阅读课，并在每天下午上课前安排30分钟的午读时间，对孩子进行阅读与指导。教科室汇编了《阅读指导课案例集》《阅读活动课案例集》，为教师科学地指导阅读课和阅读活动提供充足的范例。为了让阅读与课内指导相融合，我们结合南县"疑·悟"六元课堂教学改革实验，以学科课堂教学为"示范基地"，引导孩子通过阅读探究如何"寻疑""质疑""解疑"以及如何进行"学后反思"，教给孩子有效的阅读方法，引导他们获取大量的有效信息，提高他们阅读的自主性和实效性，使孩子真正学会阅读、学会学习。我们以课堂教学为研训阵地，引导教师参悟并践行先进的教育理念，提升思考研究、创新实践的能力。

2. 阅读与综合评价相结合，确保科学评价与考量

在整个阅读活动中，我们不仅指导孩子阅读，还力争对其进行全面客观的评价，以便教师对阅读效果的把握与对后期阅读的调控。我们制定了一系列的阅读评价制度，其内容涉及阅读的对象和数量、阅读的兴趣和习惯、自主阅读的能力、阅读的积累和运用四个方面，并采用自我评价、教师评价、家长评价相结合的方法对孩子的阅读进行评价。自我评价包括填写课外阅读调查问卷和积累背诵评价表；教师评价包括资料查阅法、作品展示法、活动评价法、课堂练习法等；家长评价采用家长评价表，让家长有效地监督孩子进行课外阅读。教师根据阅读书目进行分级考评。

3. 阅读与假日活动相结合，确保对阅读方式与内容的指导

为了让孩子在假期广泛阅读、有效阅读，我校制订了常规的假期读书活动方案：每个学期初设计好假期读书计划；每个学期末开展一次读书研讨，确定一个大主题，并在这个大主题下分列一些小的主题。比如，教务处指导教师

"以阅读的方式过假期——专业成长，做幸福的教师"，德育处指导孩子"以阅读的方式过假期——好好读书，做快乐的学生"，班主任指导家长"以阅读的方式过假期——幸福读书，做优秀的家长"，等等。学校收集教师的阅读计划，教师收集孩子的阅读计划，孩子收集家长的阅读计划。学校还要求人人参与好书推荐，在新学期开学时上交读书心得、读后感或反馈单等，并进行假期读书交流，营造阅读氛围，共享阅读成果。通过开展假日阅读活动，把阅读促进发展、阅读促进成长的理念根植于每个孩子、教师、家长的心底。

（三）确立综合阅读体系三个拓展空间，整合立体多元的阅读内容

1. 整合网络资源

随着现代技术的日臻成熟与完善，电子文本成了传统纸质图书与其他教育资源库的重要补充，成为我校师生开展阅读学习的又一重要资源。一方面，学校开放了电子阅览室，方便师生浏览网站在线阅读，既缓解了学校图书馆藏书空间有限的麻烦，又提供了海量的信息下载。另一方面，学校投入大量资金进行局域网建设，为每班添置视频展示仪等教学设备，依靠网络资源将每个教室都变成了电子阅览室。网络空间的拓展给我们提供了更大的阅读世界，大大地满足了我们通过阅读快速、全面获取信息的需要。我们充分利用富含信息的多媒体阅读，逐步引导师生进行"泛在阅读"，增加阅读量。

2. 整合校园环境

苏霍姆林斯基指出："用环境、用孩子创设的周围情景、用丰富的集体精神生活的一切东西进行教育，这是教育过程中最微妙和最有效的领域之一。"我们加大校园建设投入，将校园环境进行全面细致的修整，力求让校园的每一面墙壁、每一个宣传版面、每一幅文字作品和图画都活起来，甚至让每一棵小草、每一株花、每一棵树、每一个角落都会说话。在静态的校园里，我校孩子的阅读思想、阅读精神得到审美的启迪、精神的润泽、心灵的陶冶，整个校园环境都成为师生阅读的立体空间。

3. 整合社会资源

阅读不能只限于学校、只限于书籍，社会生活中有着丰富的阅读对象。我们利用社区文化资源，挖掘南县的乡土历史、文化民情，开发有地方特色的阅读课程资源，加强孩子人文素质和艺术素质的熏陶。一个地名、一个建筑物、一个标记……可以说，阅读几乎存在于我们生活的每一个时空。因此，阅读资源的外延应该和我们的生活一般大。广阔而丰富的社会空间是综合阅读必

占的领地，我们研究并开发利用那些符合阅读特点的阅读对象，如道路上的标识、随处可见的广告、社区的图书墙、文化娱乐宣传活动以及家乡的亭台楼阁、河流、小路等，都成了我们要阅读的对象。

（四）确立综合阅读体系三个阅读工程，开辟活动实践的阅读途径

1.“诗意校园”工程：以学校为主阵地，倡导师生共读，营造诗意校园

学校永远是社会文化建设的主阵地。本着“以教材为基础，让课内带动课外，让教师影响孩子”的思想，我校倡导师生共读，合力营造一个充满诗意的校园。

我们每学年分上、下两学期开展“闻香节”和“拾穗节”特色阅读体验活动。“闻香节”体验实践包括“田野清香”“盛夏花香”“校园馨香”三大主题，其中“田野清香”主题包括“清明祭扫诗歌朗诵”“种植园体验观察日记介绍”“读书日”等活动；“拾穗节”包括“艺海拾穗”“书海拾穗”“科海拾穗”三大主题，其中“书海拾穗”主要围绕“阅读·梦飞翔”开展读书活动，如诗文诵读竞赛、辩论赛、故事会、书友会、“阅读之星”评比等。

2.“书香家庭”工程：向家庭渗透，倡导亲子共读，创立书香家庭

为了将好书引进每一个家庭，将良好的阅读习惯延伸到学生家庭，我们做了很多努力。如倡导亲子共读、亲子共绘，给自己的家庭染上“书香门第”的色调；推荐好书书目予以引导，促进孩子和家长一起阅读，并促其从各自的角度写写读后感；设立“书香家庭”奖励基金，凡藏书300册以上的家庭都可以申报“书香家庭”，学校授牌表彰并发给奖金等。

3.“文明社区”工程：向社区、周边学校辐射，共建文明社区

我们认为，社区教育是学校教育现代化以及培养现代化的人才所不可或缺的组成部分。多年来，我们尝试“以家长影响社区”“以学校带动学校”的模式助力文明社区建设。

假日阅读是我们向社区辐射的主要形式。在学校的主导下，以孩子及家长为范例，带动社区全体成员开展内容丰富、形式多样的泛阅读活动。我们利用假期设计特定的阅读体验活动，要求孩子在家长的陪同下参与社区服务，以成果巡展、宣传报道等形式呈现活动成果，既拓展了阅读的形式和内容，又培养了孩子的公民意识和服务意识。通过孩子影响家长、家庭影响社区，推进社区居民阅读，为现代化的文明社区建设添砖加瓦。

开放阅读是我们向周边学校辐射的主要形式。我们帮助周边学校建立图书室，定期派专人上门指导，举办阅读工作辅导培训讲座，组织图书管理员沙龙，给予周边学校技术层面的支持；开放所有阅读活动，展示阅读成果，组织校际交流，给予周边学校理念上的引导。

三、共生共荣，奔赴诗意方向

在综合阅读体系的实践中，孩子、教师、学校、家长、家庭全面实现可持续发展，区域内精神文明建设得以整体推进，一个充满书香的"诗意南洲"已然成型。

（一）阅读让办学特色更鲜明

通过开展形式多样的阅读活动，在学生、教师、学校三方的共同作用下，学校形成了鲜明的办学特色。

1. 通过阅读，学校拥有了一批善于探索、习惯良好的孩子

阅读训练促进了孩子良好习惯的养成。在阅读训练中，学校坚持"授之以渔"的原则，着眼于孩子良好的自我阅读习惯的养成。自我阅读分三个阶段：了解书籍、自读自悟、自我创新。每一阶段的展开都依照"孩子自悟"和"教师引导"两个方面进行。"自悟"方面，孩子掌握了"以少篇带多篇，以点带面"的阅读思路。在不断的阅读训练中，孩子逐渐掌握了三步走的自我阅读方法，速读、听读、读思的能力也得到了很大程度的提高。

阅读促进了孩子思维的发展，阅读面的拓宽必然伴随着知识面的拓宽。孩子们广泛阅读、质疑问难、主动求知，知识面更宽了，知识量更大了，自主合作探究能力在阅读中大幅提高。近三年，我校孩子在各项体验活动中表现出的创新意识、创新能力达到了前所未有的高度，在各级各类书画、写作、演讲、舞蹈、科技创新大赛中有千余人次获奖。

2. 通过阅读，学校拥有了一支能创新、有活力的教师队伍

教师读书一直被定义为寻求教育思想的营养，寻找教育智慧的源头，提高教育素养的捷径。为了促进教师勤思善思，我们组织教师每月开展一次"读书沙龙"，每学期参加一次"读书汇报"，成批产出的读书笔记成为教师思想交流的内容，南县教育信息网和"教育在线"网站成为我校教师纵情书写、展示教育随笔的舞台。

随着读书工程的深入开展，我校又提出了"读教结合、读研结合"的学习理念，把读书、教学、教研融为一体，引导教师学习理论、研究方法、优化课堂，让阅读反哺课堂，解决教学问题。近几年来，随着读书活动的开展，创新意识和现代化教学理念不断深入人心。在用阅读理念指导教学实践的过程中，教师专业素养迅速成长，在各级课堂教学比武和论文活动中成绩斐然。在全县推行"疑·悟"六元课堂教学模式的过程中，我校教师能迅速参悟并践行其中的教育理念。仅2017年，学校接待省内外教学交流人员近500人次，教师承担县级以上课改观摩课132节次，我们的课堂教学改革经验被《湖南日报》和湖南教育电视台大力宣传与推介。

3. 通过阅读，学校拥有了一个面向所有成员的校本课程体系

一所理想的学校应该具有一个有特色的校本课程体系。开发学校校本课程体系的核心是面向所有成员。学校组织各科骨干教师研编了校本《阅读课程标准》，明确提出阅读课程在学校教育活动中的重要地位和各年段阅读目标；整合了阅读资源，开发了名为"诗意南洲"的校本教研课程；结合南县社区的乡土历史、文化民情，编写了"诗意南洲"系列校本读本；汇编了《阅读指导课案例集》《阅读活动课案例集》，为教师科学地指导阅读课以及阅读活动提供了充足的范例。

我们推进多层级、多阵地阅读。在多年实践中，阅读和书目相互作用，书目保障和促进了阅读，阅读丰富和发展了书目。由此，我们将图书室的所有图书从内容和形式两个方面按年段逐一分类，整理出两个图书室，分年段给孩子推荐阅读书目。推荐书目具有独立性、完整性和开放性，保证了阅读的持续和纵深发展，反映和满足了全体阅读成员的阅读需求。

4. 通过阅读，学校拥有了一种丰厚的校园文化底蕴

随着读书工程的开展，我校已成为适宜进行教育生活的人文学校，被授予"湖南省课改样板学校""全国示范家长学校""益阳市十佳书香单位""湖南省基础教育教学研究优秀实验学校"，连续八年被评为"湖南省图书馆室建设最佳表现奖第一名"。

（二）阅读让周边文化更繁荣

通过开展丰富多彩的阅读活动，家长的家庭教育水平提高，家庭读书意识增强，带动周边社区、学校的文化氛围变浓，推动了南县地区文化的繁荣。

1. 通过阅读，南县社区涌现出一个个善于学习、家教水平高的家庭

学校实行全开放，阅读场地、阅读资料、阅读活动全面共享。我们定期开展家长读书培训、全员读书日、主题读书月、传统民俗和科普知识讲座等活动，定期向家长、社区居民开放图书馆、电子阅览室。我们每个学期进行"书香家庭"的评选。到目前为止，南县社区共有187个家庭被评为"书香家庭"。这一系列针对孩子家庭的活动极大地加强了家庭阅读阵地的建设，直接促成了一个个乐读勤思、文化气息浓郁的家庭的成长，促进了社区文化品位的提升与文化建设的发展。

2. 通过阅读，南县地区涌现出一所所浸润书香、充满生机活力的学校

正因为实验小学的高效示范，南县教育赢得了香港"阅读·梦飞翔"文化关怀慈善基金会的大力扶持。他们提供图书馆的部分硬件设施支持，实验小学提供技术理念支持。在双方合作下，我校陆续在各个乡镇小学建起了多个图书室，让越来越多的孩子享受到优质的阅读资源，使浓浓的书香盈溢在更多的校园。

"读进步的书，做最好的我。"我们将引领更多的人，朝着诗意的方向不断前行！

让阅读为生命描绘美好的底色

南县实验学校教育集团　孟　玲

德国古典诗人荷尔德林在诗歌中写道："人充满劳绩，但还诗意地栖居在大地上。"为了实现"诗意南洲"的教育愿景，我们一直在努力构建诗意的校园、课程和课堂，让全体师生过一种诗意的教育生活。

一、创设书香盈溢的阅读氛围——文化浸润，感悟诗意

泰戈尔说："教育的目的应当是向人传送生命的气息。"我们努力加大校园文化建设的投入，每年将校园环境进行一次全面细致的修整，抓住几大主题营造幽雅的校园环境，使校园成为立体的教育对象、鲜活的教育读本，处处呈现生命的状态。

高大的梧桐树、独特的人形天桥、各式的小花坛、笔直的绿篱、孩子自制的树牌，呈现的是园林式校园；古朴的校门、鎏金的校训、漂亮的图书阅览室、32000册的精美藏书、学校统一为各班购买的图书柜、平均每班达200本的图书、办公室里装备齐全的教师书柜，呈现的是智慧型校园；走廊墙壁上选用经典、诗文主题一致的诗文板，开辟成校史展览文化长廊的围墙，定时开播推荐好书的"校园雏鹰电视台"和"红领巾广播站"，呈现的是人文式校园。会说话的建筑，立体的阅读空间，我们力求让校园每一个角落都活起来，校园成为"文化浸润，感悟诗意"的理想教育场所，成为滋长幸福的"桃花源"。

我们健全阅读工作组织，不断完善各项常规管理制度，加强行政督查，从阅读环境的优化、阅读兴趣的激发、阅读习惯的培养、阅读技能的提升、阅读实践的创新等方面对师生进行全面细致的指导，在图书场馆的建设、午读阅读课的指导、阅读记录的检查、阅读活动的开展、阅读技能的评价等方面形成

了一套行之有效的阅读管理工作经验。

二、打造灵动精彩的"疑·悟"课堂——悟由疑得，乐自苦生

教师之教，孩子之学，不应当是心力交瘁的苦役，而应当是身心愉悦的审美文化之旅。进入审美状态需要自由与自主。自由，心灵就会畅达，甚至可以进入学习的巅峰状态；自主，思维就会活跃，才能敢于表达、乐于探究。

2008年9月，为了顺应素质教育和课堂教学改革的新形势，在总结前一轮课程改革经验教训的基础上，我们率先在南县实施新一轮课堂教学改革试点工作。学校以南县区域推进课堂教学改革的课堂教学大框架为指导，着力研究与实践"以学研指导案为载体，以导学为方法，以教师的指导为主导，以孩子的自主学习为主体，师生共同合作探究来完成教学任务"的课堂教学改革。

为了给全县各小学做好课改示范，我们着力打造具有实验小学特色的诗意课堂。诗意课堂是通过"自主学习""自主省悟"的"疑·悟"课堂研究实现的。"疑·悟"课堂强调"以学定教、分层达标"，突出"学案导学——情景导入——合作展示——归纳整理——训练评估——反思"六步教学环节。我们根据学科特点，逐步形成了语文学科"四级联读"、数学学科"三学三问"、品德学科"预学、导探、活用"、科学学科"问题探究式"的课堂教学模式，为全县小学课堂教学改革的全面铺开打下了坚实的基础。

"疑·悟"课堂让教师们清晰地意识到，我们每天面对的是灵动的生命，教育的最终目的在于促进孩子自身主动、健康地发展。教师教育观念的转变直接引发了课堂教学变革。五年来，扎实的主题式课堂调控、一天中多节课的大容量研究、一坐下来数个小时的反思性研讨，我们被研究的真实与挑战深深吸引。我们在反思中直面问题，在重建中改进自我，逐渐打通了"疑·悟"课堂理论与实践相互转化的研究路径，开始钻研如何站在实现学科独特育人价值的立场审视和研究课堂，反思和重建教学。用我们自己的话来说，实验小学的课堂正逐步从"形式的热闹"向"内涵的深刻"转变，课堂越来越呈现结构的开放，对师生也越来越充满思维的挑战。

我们在着力研究课堂的同时，还不断研究学校课改的管理工作，在"课堂调控""小组合作学习机制建设""校本研训""课改评价"等方面做了大量卓有成效的工作。在每年寒暑假全县的"课改论坛"大会上，学校的校长或教导主任都要在学校行政干部大会上进行相关方面的经验介绍，为全面推进区

第一篇 阅读课程

11

域内课堂教学改革积累了宝贵的经验。

三、凝练丰富多元的课程文化——资源拓展，积聚底蕴

与诗意校园环境建设相对应的是，我们确定了将阅读与特色文化相结合的校本课程文化观，妙用综合评价这根指挥棒，在课内指导上下功夫，把特色文化转化为校本课程，营造诗意的阅读课程文化。

我们研编了校本《阅读课程标准》，制定了一系列的阅读评价制度，在课表中设置了每周一节的阅读课和每天30分钟的午读课，保证在校的读书时间。根据图书馆现有藏书，我们分年段整理出切合校情的阅读推荐书目，开设了"美丽的家乡——南县"的校本选修课程，整编了面向孩子、教师、家长的《"诗意南洲"系列读本》。

我们将"疑·悟"课堂与阅读工程相结合，引导孩子真正学会阅读、学会学习，以课堂教学为研训阵地，引导教师学会研究、学会创新。

我们将信息技术与阅读有机结合，大力开展主题式阅读，通过电子书包教室、电子阅览室等资源拓宽孩子的阅读渠道，丰富阅读形式。

我们开设了面向全体孩子的"课程超市"，孩子可以在"快乐星期二"像逛超市一样按照自己的意愿挑选自己喜欢的课程。整个课程分为德育、学科、文体、艺术、探究、职业体验六大类。德育类课程有名人教育、中队活动等；文体类课程有围棋、乒乓球、足球、武术、田径等；艺术类活动有剪纸、绘画、书法、舞蹈、合唱、管乐队等；探究类课程有小牛顿科学发明、信息科学、学科知识竞赛辅导等；职业体验类有金话筒、英语角、小星星报社等。课程总共有20多种，供全校1189名学生自由选择。"课程超市"打破单一年级的界限，采取走班制，重兴趣，无负担，把课程的选择权交给孩子，不仅增强了孩子学习的自主性，更有利于激发他们的学习热情。如：小星星社创办了《小星星报》；武术队与舞蹈队合作创编了武术操、诗文操、舞扇操；金话筒社团组建校园小导游；美术小组自编图画小书、校本阅读教材；信息科学组制作校园网页；等等。"课程超市"为孩子提供了"各取所需"的便利，培养了孩子独立思维和创造的能力。开设"课程超市"不仅彰显了孩子的主体地位，还让课堂变得灵动起来。"课程超市"给孩子营造了比较宽松的自主选择范围，形成了人人参与、生生愉悦的教学新格局。在这样的学习环境中，展示了孩子知识习得的过程，引起了孩子思维的撞击，以孩子为主体的理念得到了很好的落实。

四、开展丰富多彩的阅读活动——生命滋养，润泽童心

我们开展丰富多彩的阅读实践活动，在"闻香节""拾穗节"两大特色的读书活动中，全体师生尽情挥洒智慧，享受视听的阅读盛宴。

我们每学年分上、下两学期开展"闻香节""拾穗节"特色阅读体验活动，合力营造一个充满诗意的校园。上学期"闻香节"体验实践分为"田野清香""盛夏花香""校园馨香"三大主题活动，其中"田野清香"主题包括"清明祭扫诗歌朗诵""种植园体验观察日记介绍""亲近自然读写绘""亲子共读"等。下学期的"拾穗节"包括"艺海拾穗""书海拾穗""科海拾穗"三大主题，其中"书海拾穗"主要围绕"阅读·梦飞翔"主题开展诗文诵读竞赛、辩论赛、故事会、书友会、"假日阅读"等读书活动。学校文学社编辑的精美校报成为孩子触发智慧的舞台，阅读报告、主题征文、优秀手抄报、小小图画书创作成为孩子校园生活的一个个精彩亮点。通过开展丰富多彩的阅读活动，将"阅读促进发展"的理念植根于每个孩子、教师、家长的心底。为了促进孩子的自我管理、自主阅读，我们每个学期进行两次全校性的星级评价活动，分为铜星、银星、金星、水晶星、钻石星五个等级进行评价，全校每个孩子都有一个等级，并获得相应的等级书签。

每天早晨，孩子表演着整齐优美的诗文操和礼仪操，感受着古诗文的魅力。每月一期的《小星星报》星光闪耀，表彰着书香班级、阅读之星，刊发着孩子阅读后创作的主题征文，登载着教师简短的教育随笔。孩子自读自悟，创编了一张张图画精美、内容丰富的读书小报，这是孩子假期阅读最好的见证。读书节上，孩子自创作品，小组表演，人人参与，个个独创，话剧、诗配画、图画小书、绘本道具、精美书签……每一件作品都是一颗爱阅读的童心在熠熠闪光。

孩子在阅读活动中长知识、明事理、善表达、会思考，课堂上的自主合作探究能力大幅度提高。因为阅读成果突出，我校连续八年被评为香港"阅读·梦飞翔"文化关怀慈善基金会湖南省年度最佳表现第一名。

五、营建向美向上的团队文化——提升内力，凝聚人心

我们实践南县"疑·悟"课堂改革实验以后，教师的压力更大了——既有来自自身知识储备亟待提升的压力，又有来自学校、上级课改督查评价的压

力。如果不妥善解决，这些压力会让教师丧失工作激情，产生职业倦怠心理。为了最大限度发挥教师的主观能动性，打造出持久的课改生态文化，我们努力在学校相对狭小的范围内建立一种共同的价值取向和教育哲学思想，营造良好的学校精神氛围，从而生成实验小学教师团队组织文化。

我们积极开展以提高教师实践智慧为目的的校本培训，以此促进其专业成长。我们根据教龄开展"两年过一关""五年露一手""十年磨一剑""二十年具一格""三十年立一言"系列活动，满足不同层次教师的个性需求，创造发展机遇，搭建展示平台。学校每月至少举办一次阅读分享活动、一次全校性的教学论坛、一次同课异构活动，每学期至少组织一次教学论文评选、一次全校性的教学比武，每年组织教师参加课改验评、教学PK赛等，让课改教师在研讨活动中学习、反思并得到发展。

我们努力创建业余活动的休闲网。一个团队的张力是呈弹性状发展的，既需要高节奏、强密度的工作投入，也需要在轻松和休憩中缓解压力。所以，在团队建设中要善于利用时机，把闲暇和学习结合起来，实现以"休闲活动"推进"专业疗养"，提高团队的凝聚力。我们组建了教师排球俱乐部、乒乓球俱乐部、拉丁舞俱乐部，定期组织郊游踏春、趣味体育活动、美容健身讲座、家属联欢会等各项工会活动。休闲网络的形成，频繁了教师之间的沟通，加深了教师对学校的感情，更和谐了团队的建设。

我们对师生的考核评价制度做了调整，融入了发扬团队精神、鼓励团队合作的思想。学校每月张贴明星榜，评选"明星教师""明星学生"；对教研组、备课组、班级等进行团队捆绑式评价，每月评选出明星教研组、明星备课组和明星班级。在小组考核中，把小组成绩与孩子的个人成绩、评优挂钩，评选出明星学习小组；班级层面每周评选出"质疑之星""寻疑之星""释疑之星""反思之星"，在班级展示板进行宣传表彰。有了这些评价机制的引导，整个教师团队充满活力，形成了你追我赶、争先创优、积极向上的工作氛围。

六、芬芳美好的诗意方向——超越自我，不断向前

善教的教师、乐学的孩子、魅力的校园，我校课改呈现出生机盎然、活力无限的发展态势。"诗意南洲"阅读活动的开展，诗意教育的文化浸润，使我校已经成为适宜教育的人文学校。在我校师生的影响和带动下，家长们的家庭教育水平整体提高，南县社区居民的读书意识逐渐增强，社区的文化氛围

明显变浓。我们还带动周边33所小学建起了图书室，使越来越多的孩子享受到优质的阅读资源，浓浓的书香盈溢在更多的校园。以诗意的南县实验小学为基点，我们发挥学校的文化主阵地作用，在南县社区内打造出孩子、教师、家长、社区居民的精神文化共荣圈。

近三年来，我校有三个科研成果分别获省级奖励和市级奖励。我校教师在省、市、县级课堂教学比武中有38人次获奖，有122篇论获得各级奖励或发表在重要刊物上，有22名教师分别获得省、市、县级"优秀教师"或者"学科带头人"称号。《湖南日报》《湖南教育》《现代教育报》《信息技术教育》等刊物对我校相继跟踪报道。我校课改经验热动三湘，"旋风"吹向神州大地。益阳、永州、张家界、湘西、衡阳、邵阳、长沙，福建、湖北、辽宁等地学校相继组团来我校参观学习，前来取经的省内外学校达200余所，人数达5000余人次。

天道酬勤。在全校师生的努力下，"湖南省艺术教育先进单位""湖南省现代教育技术实验先进单位""湖南省基础教育教学研究优秀实验学校""湖南省教师培训基地""湖南省课改样板建设学校""全国示范家长学校"等荣誉称号纷至沓来，这些荣誉的取得充分肯定了我校多年来努力践行诗意教育取得的成就。

馥郁书香的世界

——南县实验小学阅读教育研究纪实

南县实验小学教育集团　段　静

2019年3月15日，南县实验小学的风雨操场内，一次隆重的研讨活动正在举行。"为了实现'诗意南洲'的教育愿景，南县实验小学组织开展丰富多彩的阅读实践活动，在'闻香节''拾穗节'两大特色读书活动中……"来自全市的近百名教师将一位站在长方形展台旁进行现场解说的小女孩团团围住，专注地倾听着。

其实，真正吸引教师代表们目光的是小女孩右边的展台上那些色彩鲜明的作品——学校阅读课程建设和孩子的阅读活动成果资料。因为有了这些丰硕的阅读成果，在近五年中，南县实验小学被授予"湖南省课改样板建设学校""湖南省教师培训基地""全国示范家长学校""全国素质教育基地"等称号，获得了"香港'阅读·梦飞翔'文化关怀慈善基金会湖南省年度最佳表现奖第一名"的八连冠，吸引了全国各地的教育同人前来学习交流。为什么一个偏远小县城的学校会享有这么高的知名度呢？这还得从头说起。

一、追寻：山重水复疑无路，柳暗花明又一村

南县实验小学1946年建立，是南县名副其实的老校。校址在县城曾经最繁华的街道上，显示出学校在南县小学教育的重要地位。随着城区中心地带逐步向西南扩张，城区各小学陆续涌起，虽然近年来教师们依旧扎实肯干，但是在区域性推进课程改革的过程中，学校却不能迸发出独树一帜、引领示范的新思想。

怎样改变这种局面呢？学校一时也犯了难。我们不断深入课堂，了解师生的想法，钻研理论，寻找突破瓶颈的灵丹妙药。"一个学校可以什么都没有，但是只要有为学校和教师成长而准备的书，那就具备了一所好学校的基本

条件。""无限相信书籍的教育力量，是我教育信仰的真谛之一。"苏霍姆林斯基的这些警言，深深地打动了正在为寻求学校长远发展而发愁的校长孟玲。

"有文化的校园，教育才有灵魂。"孟校长带领骨干教师在深挖学校办学积淀的基础上，初步确立以"读进步的书，做最好的我"为办学方向，提出了"诗意南洲"的教育愿景。2009年2月17日，在教师例会上，孟校长说了这样一段干脆有力的话："教育最本质的作用是什么？是塑造孩子的心灵，让他们成为一个热爱生活的人。可怎么塑造？光靠责罚并不奏效。我们应该相信孩子心灵的力量，相信他们可以通过阅读感悟世界、提升自我。所以，我们要开始一项新的工程——读书，营造诗意校园！"从那一刻起，学校带领全体师生确定目标——让阅读成为孩子的终身习惯，让实验小学变成馥郁书香的世界。

可是，学校图书馆寥寥无几的旧书完全调动不了师生读书的兴趣，成了第一个问题。怎么办？孟校长通过县教育局联系到香港"阅读·梦飞翔"文化关怀慈善基金会梁伟明主席。梁主席理解并欣赏孟校长的这一想法，先后为学校捐建了两个充满童趣的图书室，20000册精美的图书陆续上架。"唯有学而不厌的先生才能教出学而不厌的孩子。"这边图书馆正在紧锣密鼓地建设，那边学校已经为各个办公室添置了教师书柜，订阅了教育期刊，购买了经典的教育理论书籍。书香和诗意正一点点地浸润着实验小学师生的心灵。

由此，南县实验小学"诗意校园"的建设正式拉开了帷幕。

二、践行：纸上得来终觉浅，绝知此事要躬行

"老师们，同学们，今天我推荐的书是《夏洛的网》。这是一本关于友情的书，书的主角是一只小猪和一只蜘蛛……"这是每天的午读交流时好书推荐的一幕。学校在每天下午第一节课之前增加了30分钟的午读时间，各班孩子静静地捧读书籍。午读中间设有一个专门的好书推荐环节，学生代表轮流推荐自己读过的优秀书籍。

"居里夫人说：'我从来不曾有过幸运，将来也永远不指望幸运，我的最高原则是：不论对任何困难都决不屈服！'"这是中高年级"读名人故事"的演讲比赛。在抑扬顿挫的演讲中，孩子仿佛一棵棵迎风生长的幼苗，正吮吸着精神的营养。

在孩子的自创图画书中，封面设计、插图绘制、故事内容编写全部出自实验小学的孩子。那一本本精美的图画书充满着创作的激情，洋溢着对生

活的热爱。

"读书有益，但一定要读好书。现在的网络图书存在着大量低劣之作，如果我们不加辨别，便容易被腐蚀。""可是，如果你不去读，怎么知道它的优劣呢？"场下一片热烈的掌声，这是关于"网络书籍，我们该不该读"的辩论会。

此外，学校还组织了课本剧表演、中华经典古诗文读写竞赛、主题征文、知识竞赛以及书签、名著封面设计等丰富多彩的阅读活动。尤其值得一提的是每年一届的读书节活动，持续上、下两学期，分别突出了"闻香节"和"拾穗节"两大读书活动主题。在"闻香节"里，孩子边读书边参加各类社会实践，采撷着书籍的芬芳；在"拾穗节"里，孩子边读书边充分展示个人的艺术素质，收获着阅读的果实。每天课间操时，全校师生整齐划一地练习着武术操和诗文操，舞动的是双臂，呈现的是师生美好的生命常态。

从2010年开始，学校陆续制定了一系列的阅读管理制度。阅读不仅是汲取知识，还要学会品鉴。教师不仅要成为阅读者，还要成为研究者。只有不断建设和完善学校的阅读课程，才能把教师转变为阅读教育的领路人。教务处组织各科骨干教师研编出校本《阅读课程标准》，明确了阅读课程在学校教育活动中的重要地位和各年段的阅读目标。语文教研组将图书室的所有图书从内容和形式两个方面按年段逐一分类，整理出两个图书室，分年段推荐给孩子阅读书目。语文组和综合组联手精选并改编出十二本"趣味科学"系列校本教材，作为教师阅读指导专业技能提升的培训资料。

湖南省教科所副所长赵雄辉手捧实验小学精心研编的"诗意南洲"系列读本，深深地感叹："这是全国首创，独一无二啊！"

走在精致、美丽的实验小学校园内，"文明知礼、热情大方的孩子会让我们震惊，这就是学校阅读文化育人结出的硕果。我为我们益阳有这样的好学校感到骄傲。"湖南省教育厅王建华副厅长参观南县实验小学后如是评价。

是的，我们将全心地投入建设阅读课程，如火如荼地开展阅读活动，让南县实验小学这所传统的学校活力四射、生机勃勃、欣欣向荣。

三、涵养：千淘万漉虽辛苦，吹尽狂沙始到金

"妈妈，我要和姐姐一样，去实验小学读书。"

"为什么呀？"

"学校好漂亮，我戴大红花的照片还可以上报纸呢！"

这是一个孩子和妈妈的对话。确实是这样，在五年的读书工程建设中，实验小学校园环境全面优化，学校每一面墙壁、每一个角落都成为可阅读的空间，校报更是成为学校文化传播的主阵地，流动的图书角、各楼层古朴的诗文板、操场边活泼的文化墙都是校园生活的一部分。

读书活动的开展默默地改变着这些朝气蓬勃的少年。课堂上，他们时而自主学习、潜心思考，时而大胆质疑、分享合作，教室里不乏个性的迸发、智慧的绽放，自主合作探究的学习方式成为实验小学课堂的主导。教务校长吴正强说："他们知道自己是课堂的主人，是教师最大的成功！"

课余时间，孩子们的行为习惯也在悄然变化。大家讨论的不是网游，不是QQ，而是阅读。"你又读了什么书？你的演讲稿准备好了吗？你的征文刊登了吗？"孩子之间常常为谁能成为本月阅读之星而进行预测，也在为自己的下一次得奖而努力。校园里少了莽撞的追逐打闹，多了安静的思索感悟，实验小学的孩子慢慢地有了书卷气，有了内涵。"实验小学真是孩子上学的好地方。"家长们也这样认为。

经过七年的实践，孟校长大胆提出，要构建孩子、教师、家长和南县社区居民一体的综合阅读体系，营造出"诗意南洲"的教育理想，将"诗意校园"读书工程向前推进一步。2015年9月，学校启动了以深化阅读文化为目标的"构建综合阅读体系，推进区域文化发展"的主题实践研究。2018年初，受到电视栏目《百家讲坛》的启发，学校开始邀请社区文人、乡土作家到校讲学。应运而生的是，学校开发出面向孩子、教师、家长等不同读者的"诗意南洲"系列读本。书籍仿佛一粒种子落到了实验小学的泥土里。不知不觉间，这粒种子绽放出思维的嫩芽，长出了绿叶，结出了果实，散发出阵阵诗意。

南县教育局敏锐地捕捉到了阅读带给这所老学校的嬗变，局领导马上计划将实验小学的阅读教育模式在全县推广。在南县实验学校的示范引领下，南县63所普通乡村小学相继建成了63个高规格的学校图书室，制定了阅读课进课程表，由专人专职担任阅读指导教师。成千上万的童书陆续涌入了校园，来到孩子们的手中，走入孩子们幼小的心里。校际之间的阅读教学研讨活动更是频频举行。阅读教育成为南县课堂教学改革最大的助推器，更成为县域质量均衡最有力的保证。

2018年1月，"构建综合阅读体系，推进区域文化发展实践研究"课题被湖南省教育厅评选为湖南省优秀课题。

"潮平两岸阔，风正一帆悬。"阅读教育正驾驶着南县实验小学这条充满美好理想的航船，活力四射地朝着馥郁书香的诗意方向进发！

南县实验小学阅读课程标准

南县实验学校教育集团课题组 段静（主笔）

第一部分：前言

阅读是一种以理解简单的文本材料为中心的复杂的智力活动，是从文本中获得认知、体验、创新意义的心理过程，是人类汲取知识的主要手段和认识世界的重要途径。当今世界，经济全球化趋势日渐增强，现代科学和信息技术迅猛发展，新的交流媒介不断出现，给人类的阅读活动带来巨大变化，对阅读习惯的培养提出了新的挑战。时代的进步要求人们具有开阔的视野、开放的心态、创新的思维，对阅读能力提出了更高的要求，也给阅读教育提出了新的课题。

阅读课程致力于激发孩子的阅读兴趣，培养学生的综合阅读能力，提升孩子的综合素养，为学好其他课程打下基础，为孩子形成正确的世界观、人生观、价值观以及形成良好个性和健全人格打下基础，为孩子的全面发展和终身发展打下基础。阅读课程对孩子获取信息、认识世界、发展思维、获得审美体验具有不可替代的优势。

为了增强阅读教育的针对性和实效性，必须充分关注小学课程在形态、内容以及教与学的方法上与学前教育及初中阶段的区别和衔接，构建符合本阶段孩子身心发展特点和素质教育精神的课程。

（一）课程性质

阅读课程是一门以孩子的生活为基础，以培养孩子的综合阅读能力为目标，在孩子、教师、文本对话过程中促进学生综合素养提升的综合性课程。

小学阶段的阅读课程根据各年段孩子的语言文字运用能力不断提升和社会生活范围不断扩大的实际，以其阅读兴趣的需要为主线，将阅读技能的培养与品德教育、历史文化教育、科学教育、艺术教育有机融合，引导孩子通过阅

第一篇 阅读课程

读不断丰富和发展自己的经验、情感、能力、知识，加深对社会生活的认识和理解，并在此基础上养成良好的行为习惯和审美情趣，逐步形成良好的个性和健全的人格。

（二）课程的基本理念

1. 引导孩子热爱阅读、学习阅读是课程的核心

阅读课程必须面向全体孩子，要关注每一个孩子的阅读兴趣，发展孩子的阅读需求，激发和培育孩子热爱阅读的思想感情，引导孩子获取信息、认识世界、发展思维，获得审美体验。

阅读课程应引导孩子初步掌握阅读的基本方法，养成良好的阅读习惯，具有适应阅读需要的感受能力、理解能力、记忆能力和鉴赏能力，体现以育人为本的现代教育价值取向。

2. 尊重孩子的生活是课程的基础

孩子的阅读需求来源于他们对生活的认识、体验和感悟，孩子的现实生活对其阅读兴趣的产生和阅读能力的发展具有特殊的价值。阅读教育的内容和形式必须贴近孩子的生活，反映孩子的需求，通过科学的行为规范教育，为孩子形成健康的阅读取向和实际的阅读能力打下良好的基础，为他们在丰富的阅读生活中形成健全的人格和正确的价值观、人生观打下基础。

阅读课程应关注阅读习惯的养成对学生感受、理解、记忆和鉴赏能力的发展等方面的影响，在教学中尤其要重视培养孩子良好的阅读习惯。

3. 对话的互动性和有效性是课程的特点

阅读教学是孩子、教师、文本之间对话的过程。阅读行为意味着人与人之间是对话和交流的关系，这种对话和交流是双向的、互动的，互为依存条件。阅读成为思维碰撞和心灵交汇的动态过程，是主体与主体之间的关系。

阅读是被引导的创造，体现为孩子的个性化行为。有效的阅读教育采取孩子乐于和适于接受的生动活泼的方式，教师帮助他们解决阅读中的问题，引导他们在和文本对话中积极发现，构建有效意义。

4. 建设开放而有活力的阅读课程是课程的追求

阅读课程的建设应继承国内外阅读教育的优良传统，注重阅读能力的培养，同时密切关注现代社会发展的需要，拓宽阅读学习的领域，注重现代科技手段的运用，使孩子在不同内容和方法的相互交叉、渗透和整合中开阔视野，增加阅读量，提高阅读效率，初步养成现代社会需要的阅读素养。

阅读课程应该是开放而富有创新活力的，要尽可能满足不同年段、不同班级、不同孩子的需求，开放与之相适应的课程资源，形成相对稳定而又灵活的实施机制，不断地自我调节、更新发展。

（三）课程设计思路

（1）阅读课程坚持以人为本，继承我国语文阅读教育的优良传统，汲取当代阅读教育科学理论的精髓，借鉴国外阅读教育的经验，遵循阅读教育的规律，努力提高孩子的阅读素养，为孩子的终身发展奠定基础。

（2）阅读课程应注重阅读习惯的养成，重视阅读活动的实践，在阅读实践中培养孩子感受、理解、记忆和鉴赏的能力。

（3）小学六年课程整体设计，在"总目标"之下，按一至二年级、三至四年级、五至六年级三个学段，分别提出"学段目标与内容"，体现阅读课程的整体性和阶段性。各个学段相互联系，螺旋上升，最终全面达成总目标。

（4）学段目标与内容从"阅读情感与态度""阅读行为与习惯""阅读过程与方法"和"阅读知识与技能"四个方面提出要求。课程标准还提出了"综合性学习"的要求，以加强阅读课程与其他课程以及生活的联系，促进孩子的阅读素养全面协调地发展。

（5）课程标准的"实施建议"部分，对教学、评价、教材使用以及课程资源的开发与利用等提出了实施的原则、方法和策略，也为具体实施留有创造的空间。

第二部分：课程目标

（一）总体目标与内容

（1）在阅读学习的过程中，培养孩子健康的审美情趣，发展孩子的个性，培养孩子的创新精神和合作精神，逐步形成积极的人生态度和正确的世界观、价值观。

（2）关心当代文化生活，尊重多样文化，在阅读学习的过程中吸收人类优秀文化的营养，提升文化品位。

（3）培养孩子热爱阅读的情感，增强阅读的自信心，养成良好的阅读学习习惯，初步掌握阅读的基本方法。

（4）在发展阅读能力的同时，发展思维能力，学习科学的思想方法，逐步养成实事求是、崇尚真知的科学态度。

（5）能主动进行探究性学习，激发孩子的想象力和创造潜能，在实践活动中学习阅读技能。

（6）有一定的阅读速度。

（7）具有独立阅读能力，学会运用多种阅读方法，有较为丰富的积累和良好的语感，注重阅读情感体验，发展感受和理解能力。能阅读日常的报纸杂志，初步鉴赏文学作品，丰富自己的精神世界。六年的阅读总量应在145万字以上。

（8）学会倾听、表达和交流，能具体明确地表达对文本的理解、体验和想法。

（9）学会使用图书馆藏资源，初步具备收集和处理信息的能力。

（10）积极尝试多种媒体阅读，学习多角度阅读技巧。

（二）学段目标与内容

第一学段（一至二年级）

1. 阅读情感与态度

（1）喜欢阅读，感受阅读的乐趣。两年的阅读量不少于5万字。

（2）喜爱图书，爱护图书，爱惜阅读报告册。

2. 阅读行为与习惯

（1）能按教师的提示自觉做好课前准备和课后收拾，课桌、书包、书本干净，保持阅读环境整洁。

（2）阅读时坐姿正确，看书姿势正确。

（3）能在教师的指导下有序发书、收书。

（4）领书后能在教师的指导下逐一填写阅读记录册，尝试填写阅读报告。

（5）一边听一边思考，能提出问题和意见。

（6）有序列队到图书室和早已安排的座位进行阅读，能在教师的指导下填写借书卡。

3. 阅读过程与方法

（1）能有感情地朗读和学习默读（不指读），借助图画阅读文本。

（2）阅读浅近的童话、寓言、故事，留心积累词语、成语、格言警句，获得阅读体验。

4. 阅读知识与技能

（1）能结合文本的上下文和生活实际了解个别词句的意思。

（2）对文本中感兴趣的人物和事件有自己的感受与想法，并乐于与人交流。

（3）展开想象，获得初步的情感体验，感受语言的优美。

（4）知道书籍的组成部分及其不同的功能。

（5）能说明图书的分类和来源。

5. 综合性学习

（1）对周围事物有好奇心，能就感兴趣的内容提出问题，结合课内外阅读共同讨论。

（2）热心参加校园阅读活动。结合语文学习，用口头或图文等方式进行创作，表达自己的阅读体验。

第二学段（三至四年级）

1. 阅读情感与态度

（1）表现出明显的阅读倾向。两年的阅读量不少于40万字。

（2）能对文本中不理解的地方提出疑问，并自主阅读，收集资料解决问题。

2. 阅读行为与习惯

（1）自觉做好课前准备和课后收拾，课桌、书包、书本干净，保持阅读环境的整洁。

（2）能有序发书、收书。

（3）认真及时填写阅读记录册，登记阅读数量和阅读感受，完成阅读报告。

（4）一边听一边思考，能提出问题和意见。

（5）有序借还图书室的书，填写借书卡。

3. 阅读过程与方法

（1）初步学会默读，学习略读。

（2）积累文本中的优美词语、精彩句段以及在课外生活中获得的语言材料。

4. 阅读知识与技能

（1）能联系上下文，理解关键词句的意思；能借助字典、词典和生活积累，理解部分生词的意义。

（2）能初步把握文本的主要内容，体会文本表达的思想感情。

（3）能复述作品的大意，初步感受作品中生动的形象和优美的语言，关

第一篇 阅读课程

心作品中人物的命运和喜怒哀乐，与他人交流自己的阅读感受。

（4）能根据封面进行联想，掌握阅读封面的方法。

（5）能根据结构图和提示问题简单介绍优秀图书。

5. 综合性学习

（1）能提出学习和生活中的问题，有目的地收集阅读材料，解决问题。

（2）能在教师的指导下组织有趣味的阅读活动，在活动中学习阅读、学会合作。

（3）在家庭生活、学校生活中，尝试运用阅读所学到知识和能力解决简单的问题。

第三学段（五至六年级）

1. 阅读情感与态度

（1）认识自我的阅读倾向，能自觉调整并坚持做学期阅读规划。两年的阅读量不少于100万字。

（2）敢于对阅读的文本内容提出自己的看法，做出自己的判断。

（3）受到优秀作品的感染和激励，向往和追求美好的理想。

2. 阅读行为与习惯

（1）自觉维护阅读环境的整洁。

（2）阅读时及时记录问题，采用小组讨论和集体交流等形式解决。

（3）尝试依据个人独特感受和图书特点设计阅读报告，表达阅读感受。

（4）认识各类图书的代号和分布。

3. 阅读过程与方法

（1）有一定的默读速度，默读一般读物每分钟不少于 300字。学习浏览。

（2）能在阅读中积累各类材料，并运用于语言实践中。

4. 阅读知识与技能

（1）根据需要收集相关信息。

（2）理解文本中词语在语言环境中的恰当意义，辨别词语的感情色彩。

（3）揣摩文本的表达顺序，能抓住要点了解事件梗概。

（4）阅读时能简单描述自己印象最深的场景、人物、细节，说出自己的喜欢、憎恶、崇敬、向往、同情等感受。

（5）分享阅读感受，能具体介绍优秀图书的作者、译者、出版社、图书分类，能讲出主要内容、喜欢的部分、喜欢的原因和阅读的收获。

5. 综合性学习

（1）为解决与学习和生活相关的问题，利用图书馆、网络等信息渠道阅读，获取资料，尝试写简单的研究报告。

（2）策划简单的班级阅读活动，对所策划的主题进行讨论和分析，学写阅读活动计划和阅读活动总结。

（3）对自己身边的、大家共同关注的问题或文本中的故事和形象，组织讨论、专题演讲，学习辨别是非、善恶、美丑。

（4）初步了解查找资料、运用资料进行多角度阅读的基本方法。

第三部分：实施建议

（一）教学建议

1. 全面把握课程目标

阅读课程目标是一个有机结合的统一体。教师在教学过程中应全面把握目标，改变过去偏重知识学习，忽略能力、情感、态度、价值观培养的教学观念。通过多种教学活动，帮助孩子获得丰富的情感体验，形成积极的生活态度，养成良好的行为习惯，提高适应和参与社会的能力，掌握必备的基础知识，从而整体地实现课程目标。

2. 教师的角色和任务

在本课程中，教师要由单纯的知识传授者转变为孩子活动的指导者、支持者和合作者。其主要任务不是讲解文本，而是努力创设适宜的活动环境与条件，灵活多样地选用教学活动和组织形式，结合实际培养孩子的阅读习惯和能力，激发孩子的阅读情趣，引发孩子探索的欲望。注意引导孩子从自己的生活体验出发，用多种感官去观察、体验、感悟，构建意义。让孩子在阅读中探究，在探究中发现和解决问题。要及时鼓励孩子的各种尝试和有创造性的思考，引导孩子得出有价值的观点或结论。

3. 教学活动指导的注意点

教师应注意在教学活动的每一个环节把握孩子的实际情况，根据课程标准的各项规定制订教学计划和教案，帮助孩子展开阅读活动。阅读课教案和阅读活动指导应具有计划性和灵活性。

孩子阅读习惯的形成、知识和能力的发展、经验的积累是一个连续的过程。因此，教学活动要注意活动之间的连续性，帮助孩子获得彼此联系、不断深化的经验和体验。

教学活动应源于孩子的生活，但又高于生活。教师要用正确的价值观引导孩子阅读，善于从孩子的生活中敏感地捕捉有教育价值的课题，开展孩子喜欢的阅读活动，使他们在主动积极的参与中情感得到熏陶、品德得到发展、身心得到健康发展。

本课程的教学文本是教师引发孩子阅读兴趣的工具，是孩子开展阅读活动可利用的资源。教师应创造性地使用文本，联系孩子的实际，及时地把社会中的新信息、科学技术的新成果、生活的新问题和现象等吸收到课程内容中去，不断提高阅读教育的针对性、实效性和生动性，提高整个教育的质量。

4. 教学活动

本课程常用的教学活动形式有如下。

（1）讲故事。

讲故事是以故事情节或主人翁的形象感染、教育孩子的活动方式。作为教学活动的讲故事可有多种形式，可在课堂教学中穿插一个或几个故事，或把讲故事与角色表演相结合，或举行"故事大王"演讲会等。故事具有趣味性和教育性，让孩子通过故事激发情感、领悟道理，增强阅读兴趣。

（2）讨论。

讨论是孩子最常用的学习、交流活动形式，可以是小组的，也可以是全班的；可以是随机的，也可以是专门安排的。讨论活动能使孩子有机会运用多种方法表达自己的感受和想法，展示自己的阅读成果，分享交流阅读心得，锻炼表达能力等。

（3）角色扮演。

有目的地创设某种情景，孩子可以身临其境地学习、体验，深化阅读认识。演技好坏并不重要，重要的是获得阅读体验，提升阅读兴趣。

（4）讲授。

这是以教师语言传授为主的教学形式，帮助孩子理解文本知识，形成阅读技能。

（5）资料调查。

在教师的指导下，孩子通过图书、报纸、电视、电话、网络等途径收集资料，是实现自主学习的主要方式之一。教师可根据阅读内容的要求、孩子的兴趣和水平进行组织与指导，确定收集的目标和范围，将得到的资料按要求或以孩子熟悉的方式进行整理、利用、交流，扩充阅读量。

（6）教学游戏。

这是在教学中采用带有"玩"的色彩而又与学习内容相配合的教学方式。游戏是有效的学习方式，对孩子阅读智力游戏类书籍、理解规则、学习科学知识等是很有用的。

（7）欣赏。

欣赏的对象可以是人文作品、孩子喜欢的某一专题的故事、绘画作品、照片等，在欣赏的过程中学会阅读艺术类文本。

（8）操作性、实践性活动。

孩子自己动脑动手进行小实验、小制作等活动，适用于开展科学探究学习、发展情趣和操作技能、学习实际的劳动本领等方面的活动，获取阅读体验。小实验、小制作等类型的活动可安排在课堂教学中，也可作为课后的实践或专题活动进行。

（9）练习。

这是指针对某一项或几项教育目标，进行有针对性的课堂练习或课后强化练习，让孩子养成良好的阅读习惯，比如学会正确的坐姿、学会自己整理书包、学会有序借还书等。

5. 与其他学科、教育活动的结合

本课程教学活动应注意利用其他学科或教育活动的成果，与其他学科和教育活动如少先队活动、班会活动、节日庆祝活动等相互结合、相互促进、资源共享，实现综合教育效益。

（二）评价建议

1. 评价的目的与功能

（1）目的。

本课程评价的根本目的在于获得反馈信息，以帮助教师改进教学，促进学生发展，保证课程目标的实现，而不在于对孩子的阅读能力做出终结性的评定，更不是利用评价结果对孩子进行比较评分等。因此要从每个孩子的原有基础出发，尊重孩子的个性特点，强调以鼓励为主的发展性评价。

（2）功能。

诊断与调节功能：通过评价了解课程实施的情况，判断孩子阅读的质量与水平，了解阅读的成就、问题与需要，并对课程下一步的实施进行有针对性的调整。

强化与教育功能：评价本身具有教育性，是人与人互动与交流的过程。利用评价对孩子的阅读成就进行鼓励，对于不足提出改进建议，保证课程目标的实现。

2. 评价内容

本课程主要是对孩子在学习过程中各方面的表现进行综合性评价，其具体内容如下。

（1）学习态度。

包括孩子在学习过程中主动参与和完成学习任务的态度。

（2）学习能力和方法。

包括学习中观察、探究、思考、表达的能力；收集、整理、分析资料的能力；与人合作完成学习任务的能力等。

（3）学习结果。

完成学习任务的质量和进步程度。

3. 评价的方式和方法

（1）评价方式。

本课程采用多主体、开放性的评价，教师可根据具体情况，选用或综合运用教师评价、孩子自我评价、孩子相互评价与家长、社会参与评价等方式进行评价。

（2）评价方法。

① 孩子自评：教师引导和帮助孩子对自己在阅读中的表现与成果进行自我评价，以提高自我认识、自我调控的能力。

② 孩子互评：孩子依据一定的标准互相评价。这种评价可以帮助孩子逐步养成尊重、理解、欣赏他人的态度，相互促进。

③ 观察记录：教师观察并记录孩子在阅读中的各种表现，以此对阅读进行综合评价。

④ 师生访谈：教师通过与孩子开展各种形式的谈话，获得有关孩子发展的信息，并了解学生阅读能力的变化。

⑤ 调查问卷：教师设计问卷并组织孩子回答问卷，获得有关孩子阅读能力的信息。

⑥ 活动记录册评价：用活动记录册等方式收集孩子阅读过程中的各种资料。这是评价孩子阅读比较有效的一种方法。

⑦ 作品分析：通过对孩子各类作品、活动成果的分析，了解孩子阅读过程发展的状况。

⑧ 个案分析：教师针对孩子学习的特殊状况进行跟踪评价，有助于教师因材施教和个别化教学。

需要注意的是，不同的评价方法具有不同的功能和作用，在实施中要注意综合运用。

（三）课程资源的开发与利用

阅读课程承担着孩子德育发展的重要任务。课程资源不限于传统意义上的教材，必须充分开发、利用校内外的各种课程资源，以利于课程目标的实现。

1. 开发多样化的课程资源

（1）图书（包括教材及教辅）、报刊、图片、地图、图表等文本资源。

（2）影视节目、视频、音频、VCD、网络、软件等音像资源。

（3）博物馆、图书馆、实验室、纪念馆、文化馆、教育基地等社会资源。

课程资源的利用应该做到为教学服务，不求花样繁多，但求切合实际。

2. 利用现代化教育技术手段

教师应尽可能地使现代化教育技术与本课程教学有机结合，丰富课程资源，有条件的地方应利用网络资源，让孩子开展网络阅读。

（四）课程管理建议

（1）各班应严格按课程表授课，不得随意减少课时或提前结束课程。

（2）各班安排具有相关专业知识和较强教学组织能力的语文教师担任教学工作。

（3）学校支持教师参加学习培训，鼓励教师在教学实践中改革进取、不断成长，提高阅读教学质量。

（4）各班班主任应注意将本课程与学校日常行为规范教育、班队活动、课外活动、各科教学紧密结合，充分发挥其德育主导渠道的作用。

（5）教育行政部门和学校领导在教学资源的配备、课程资源的开发与利用等方面给予支持和帮助。在课程资源的开发利用以及校外教学活动场所安排等方面，学校做出统筹协调，提供便利条件。

第一篇 阅读课程

（五）教材使用建议

（1）阅读教材的使用应以课程标准为依据，要准确、完整地反映并理解课程标准的理念和要求。

（2）阅读教材的使用要体现综合课程的特点，统整各相关学科的知识内容。通过设置若干阅读主题，展现不同的阅读视角和问题视角，使之有利于孩子形成整体视野，促进孩子的情感、态度、能力、知识在相互联系中得到和谐发展。

（3）阅读教材的使用要注意从孩子生活和社会实际切入，有利于教学过程中孩子的主动参与和自主学习，有利于孩子采用体验、探究和交流讨论等多种方式学习，为孩子的尝试、表现和实践活动留有空间。

（4）阅读教材的选择要考虑不同班级的特点和孩子的需要，因材施教，精选教材内容。

（5）阅读教材的呈现方式要适合孩子的审美习惯和接受能力，有利于激发孩子的学习兴趣和学习愿望。

阅读星级评价实施方案

南县实验学校教育集团课题组　刘志勇（主笔）

为激励孩子开展课外阅读，更好地评价孩子的阅读能力，促进我校阅读活动深入开展，特制订本方案。

一、实施目标

（1）促进班级进一步重视孩子阅读活动的开展，浓厚学校的读书氛围，推动书香校园建设。

（2）引导教师运用评价手段，对孩子课外阅读进行更全面的评价，为孩子多读书、读好书创造良好的环境。

（3）通过评价，激发和保持孩子的阅读热情，提高孩子的素养，促进孩子的全面发展。

二、实施原则

1. 全面性原则

课外阅读是一种开放式的，不受时间、地点、形式限制的学习方式。对孩子的评价应从阅读量、阅读面等进行整体评价，同时要尊重孩子的个体差异，促进每个孩子的健康发展，最大限度地激发孩子阅读的积极性和主动性，增强孩子的自信心。

2. 过程性原则

课外阅读是一个"积累于现在，得益于未来"的活动，具有长期性，需要经历循序渐进、逐步提高的过程。因此，评价要注重课外阅读的过程评价，注意收集能够反映孩子阅读过程和结果的材料，具体掌握孩子的阅读状况，为评价提供依据。

第一篇　阅读课程

33

3. 导向与激励性原则

阅读评价应建立在导向性与激励性的基础上，通过建立评价体系和优化评价手段，引导孩子进行课外阅读，使他们爱读书、多读书、读好书、会读书，形成良好的读书习惯。

三、评价对象

全校一至六年级的孩子。

四、评价说明

（1）星级评价标准作为评价依据，但不是唯一依据，各年级可根据实际进行修改完善，制订出更符合班情、生情的评价方案。

（2）本方案以学期为时间单位提出各年级的阅读量，教师可根据班级实际制定各学期阅读量的要求。教师应引导孩子主动阅读，努力实现从量的积累到质的提升。

五、评价标准

评价采用星级制，从低到高分为五个等级，分别是铜星、银星、金星、水晶星、钻石星。根据实验小学制定的阅读课程标准，从阅读情感与态度、阅读行为与习惯、阅读过程与方法、阅读知识与技能四个方面进行评价。

一年级阅读星级评价表

星级	铜星	银星	金星	水晶星	钻石星
评价标准	1. 午读课能倾听故事。 2. 比较喜欢阅读，每期至少读书20本。 3. 能及时填写阅读记录	1. 午读课能认真倾听故事。 2. 喜欢阅读，每期至少读书25本。 3. 能及时填写阅读记录。 4. 能自觉做好课前准备	1. 午读课能认真倾听故事，并能回答老师的提问。 2. 有较高的阅读兴趣，每期至少读书30本。 3. 能及时、认真地填写阅读记录，并书写工整。 4. 能自觉做好课前准备。	1. 午读课能比较流利地复述故事。 2. 有浓厚的阅读兴趣，每期至少读书35本。 3. 能及时、认真地填写阅读记录，并书写工整。 4. 能自觉做好课前准备。	1. 午读课能非常流利地复述故事，还能给同年级其他班级同学讲故事。 2. 保持浓厚的阅读兴趣，每期至少读书40本。 3. 能及时、认真地填写阅读记录，并书写工整。 4. 能自觉做好课前准备。

星级	铜星	银星	金星	水晶星	钻石星
评价标准			5.书包、抽屉非常整洁	5.书包、抽屉非常整洁。 6.比较乐于与人交流	5.书包、抽屉非常整洁。 6.能大方、自信地与人交流。 7.热心参加阅读相关活动，至少获得一次校级一等奖奖励

二年级阅读星级评价表

星级	铜星	银星	金星	水晶星	钻石星
评价标准	1. 能小声读书，理解书中部分词句的意思。 2. 比较喜欢阅读，每期至少读书20本。 3. 能及时地填写阅读记录，积累好词好句。 4. 能用简短的语言进行好书推荐	1. 能认真读书，理解书中词句的意思。 2. 喜欢阅读，每期至少读书25本。 3. 能及时、认真地填写阅读记录，积累好词好句，并书写工整。 4. 能用简短的语言比较流利地进行好书推荐。 5. 能做好课前准备和课后收拾整理	1. 能专注地读书，理解书中词句的意思。 2.有较高的阅读兴趣，每期至少读书30本。 3. 能及时、认真地填写阅读记录，积累好词好句，并书写工整。 4. 能用简短的语言流利地进行好书推荐。 5. 能坚持每天做好课前准备和课后收拾整理。 6. 能和同桌分享书本中感兴趣的人物和事件，比较乐于与人交流	1. 能专注地读书，理解文本内容。 2. 有浓厚的阅读兴趣，每期至少读书35本。 3. 能及时、认真地填写阅读记录，积累好词好句，并书写工整。 4. 能流利地进行好书推荐，内容比较具体。 5. 能坚持每天做好课前准备和课后收拾整理。 6. 能和同桌分享书本中感兴趣的人物和事件，乐于与人交流。 7. 能对自己感兴趣的问题做出提问，结合阅读内容共同讨论	1.能专注地读书，理解文本内容。 2. 保持浓厚的阅读兴趣，每期至少读书40本。 3. 能及时、认真地填写阅读记录，积累好词好句，并书写工整。 4. 能对同年级其他班级同学进行好书推荐。 5. 能坚持每天做好课前准备和课后收拾整理。 6. 能和同桌分享书本中感兴趣的人物和事件，自信、大方地与人交流。 7. 能对自己感兴趣的问题提出问题，结合课内外阅读共同讨论。 8. 热心参加阅读的相关活动，至少获得两次校级一等奖奖励

第一篇 阅读课程

三年级阅读星级评价表

星级	铜星	银星	金星	水晶星	钻石星
评价标准	1. 会默读，能初步把握文本的主要内容。 2. 比较喜欢阅读，每期至少读书20本，阅读量不少于7万字。 3. 能及时填写阅读记录和撰写阅读报告。 4. 能参与好书推荐互动交流活动。 5. 能做好课前准备	1. 会默读，能把握文本的主要内容。 2.喜欢阅读，每期读书20～25本，阅读量不少于8万字。 3. 能及时填写阅读记录和撰写阅读报告。 4. 乐于参与好书推荐互动交流活动，能比较流利地介绍优秀图书。 5. 能及时做好课前准备和课后收拾整理	1. 会默读，能准确把握文本的主要内容，体会文本表达的思想感情。 2.有较高的阅读兴趣，每期读书20～25本，阅读量不少于9万字。 3. 能及时、认真地填写阅读记录，并书写工整；撰写的阅读报告均获得优秀等级。 4. 主动参与好书推荐互动交流活动，能流利地介绍优秀图书。 5. 能坚持每天做好课前准备和课后收拾整理，书包、抽屉非常整洁。 6. 有良好的卫生习惯，待人接物比较大方	1.会默读，能体会文本表达的思想感情，能借助字典、词典和生活积累理解词句。 2. 有浓厚的阅读兴趣，每期读书20～30本，阅读量不少于10万字。 3. 能及时、认真地填写阅读记录，并书写工整；撰写的阅读报告均获得优秀等级。 4. 主动参与交流互动活动，有自己独特的感受。 5. 能坚持每天做好课前准备和课后收拾整理，书包、抽屉非常整洁。 6. 有很好的卫生习惯，待人接物大方、自信。 7. 热心参加阅读的相关活动，至少获得两次校级二等奖及以上奖励	1. 会默读，能体会文本表达的思想感情，能借助字典、词典和生活积累理解词句。 2. 保持浓厚的阅读兴趣，每期读书20～30本，阅读量不少于11万字。 3. 能及时、认真地填写阅读记录，并书写工整；撰写的阅读报告均获得优秀等级。 4.主动参与同年级其他班级的午读交流活动，表现突出。 5. 能坚持每天做好课前准备和课后收拾整理，书包、抽屉非常整洁。 6. 有很好的卫生习惯，待人接物大方、自信。 7. 热心参加阅读的相关活动，至少获得两次校级一等奖奖励。 8. 具有收集资料、解决问题的能力

四年级阅读星级评价表

星级	铜星	银星	金星	水晶星	钻石星
评价标准	1. 会默读，能初步把握文本的主要内容。 2. 比较喜欢阅读，每期至少读书20本，阅读量不少于8万字。 3. 能及时填写阅读记录并撰写阅读报告。 4. 能参与好书推荐互动交流活动。 5. 能做好课前准备	1. 会默读，能把握文本的主要内容。 2. 喜欢阅读，每期读书20～25本，阅读量不少于9万字。 3. 能及时填写阅读记录并撰写阅读报告。 4. 乐于参与好书推荐互动交流活动，能比较流利地介绍优秀图书。 5. 能及时做好课前准备和课后收拾整理	1. 会默读，能准确把握文本的主要内容，体会文本表达的思想感情。 2. 有较高的阅读兴趣，每期读书20～25本，阅读量不少于10万字。 3. 能及时、认真地填写阅读记录，并书写工整；撰写的阅读报告均获得优秀等级。 4. 主动参与好书推荐互动交流活动，能流利地介绍优秀图书。 5. 能坚持每天做好课前准备和课后收拾整理，书包、抽屉非常整洁。 6. 有良好的卫生习惯，待人接物比较大方	1. 会默读，能体会文本表达的思想感情，能借助字典、词典和生活积累理解词句。 2. 有浓厚的阅读兴趣，每期读书20～30本，阅读量不少于11万字。 3. 能及时、认真地填写阅读记录，并书写工整；撰写的阅读报告均获得优秀等级。 4. 主动参与交流互动活动，有自己独特的感受。 5. 能坚持每天做好课前准备和课后收拾整理，书包、抽屉非常整洁。 6. 有很好的卫生习惯，待人接物大方、自信。 7. 热心参加阅读的相关活动，至少获得两次校级二等奖及以上奖励	1. 会默读，能体会文本表达的思想感情，能借助字典、词典和生活积累理解词句。 2. 保持浓厚的阅读兴趣，每期读书20～30本，阅读量不少于12万字。 3. 能及时、认真地填写阅读记录，并书写工整；撰写的阅读报告均获得优秀等级。 4. 主动参与同年级其他班级的午读交流活动，表现突出。 5. 能坚持每天做好课前准备和课后收拾整理，书包、抽屉非常整洁。 6. 有很好的卫生习惯，待人接物大方、自信。 7. 热心参加阅读的相关活动，至少获得两次校级一等奖奖励。 8. 具有收集资料、解决问题的能力

第一篇 阅读课程

五年级阅读星级评价表

星级	铜星	银星	金星	水晶星	钻石星
评价标准	1.能专注阅读，认识自我阅读倾向，能自觉调整。 2.比较喜欢阅读，每期至少读书20本，阅读量不少于40万字。 3.能及时填写阅读记录并撰写阅读报告。 4.能参与好书推荐互动交流活动。 5.能做好课前准备和课后收拾整理	1.能专注阅读，自觉调整自我阅读倾向，并做好学期阅读规划。 2.喜欢阅读，每期读书20~25本，阅读量不少于100万字。 3.能认真填写阅读记录，并书写工整；撰写的阅读报告均获优秀等级。 4.乐于参与好书推荐互动交流活动，能比较流利地介绍优秀图书。 5.能坚持每天做好课前准备和课后收拾整理，书包、抽屉整洁。 6.有良好的卫生习惯，待人待物比较大方	1.默读有一定速度，会浏览，能自觉调整自我阅读倾向，并做好学期阅读规划。 2.有较高的阅读兴趣，每期读书20~25本，阅读量不少于200万字。 3.能认真填写阅读记录，并书写工整；撰写的阅读报告均获优秀等级。 4.主动参与好书推荐互动交流活动，能对阅读的图书提出自己的看法，并做出正确的判断。 5.能坚持每天做好课前准备和课后收拾整理，书包、抽屉整洁。 6.有很好的卫生习惯，待人接物大方、自信。 7.热心参加阅读的相关活动，至少获得一次校级二等奖及以上奖励	1.默读有一定速度，会浏览，能自觉调整自我阅读倾向，并做好学期阅读规划。 2.有浓厚的阅读兴趣，每期读书20~30本，阅读量不少于400万字。 3.能认真填写阅读记录，并书写工整；撰写的阅读报告均获优秀等级。 4.积极参加交流活动，对阅读的图书提出自己的看法，并能受到优秀作品的感染和激励。 5.能坚持每天做好课前准备和课后收拾整理，书包、抽屉整洁。 6.有很好的卫生习惯，能很好地待人接物，受到好评。 7.热心参加阅读的相关活动，至少获得一次校级一等奖奖励	1.默读有一定速度，会浏览，能自觉调整自我阅读倾向，并做好学期阅读规划。 2.保持浓厚的阅读兴趣，每期读书20~30本，阅读量不少于800万字。 3.能认真填写阅读记录，并书写工整；撰写的阅读报告均获优秀等级。 4.主动参与同年级其他班级的午读交流活动，能很好地进行互动交流，获得好评。 5.能坚持每天做好课前准备和课后收拾整理，书包、抽屉整洁。 6.有很好的卫生习惯，能很好地待人接物，受到好评。 7.热心参加阅读的相关活动，至少获得两次校级一等奖奖励。 8.能利用图书馆、网络等信息渠道获取资料，尝试写简单的研究报告

六年级阅读星级评价表

星级	铜星	银星	金星	水晶星	钻石星
评价标准	1. 能专注阅读，认识自我阅读倾向，能自觉调整。 2. 比较喜欢阅读，每期至少读书20本，阅读量不少于40万字。 3. 能及时填写阅读记录并撰写阅读报告。 4. 能参与好书推荐互动交流活动。 5. 能做好课前准备和课后收拾整理	1. 能专注阅读，能自觉调整自我阅读倾向，并做好学期阅读规划。 2. 喜欢阅读，每期读书20～25本，阅读量不少于100万字。 3. 能认真填写阅读记录，并书写工整；撰写的阅读报告均获优秀等级。 4. 乐于参与好书推荐互动交流活动，能比较流利地介绍优秀图书。 5. 能坚持每天做好课前准备和课后收拾整理，书包、抽屉整洁。 6. 有良好的卫生习惯，待人接物比较大方	1. 默读有一定速度，会浏览，能自觉调整自我阅读倾向，并做好学期阅读规划。 2. 有较高的阅读兴趣，每期读书20～25本，阅读量不少于200万字。 3. 能认真填写阅读记录，并书写工整；撰写的阅读报告均获优秀等级。 4. 主动参与好书推荐互动交流活动，能对阅读的图书提出自己的看法，并做出正确的判断。 5. 能坚持每天做好课前准备和课后收拾整理，书包、抽屉整洁。 6.有很好的卫生习惯，待人接物大方、自信。 7. 热心参加阅读的相关活动，至少获得一次校级二等奖及以上奖励	1.默读有一定速度，会浏览，能自觉调整自我阅读倾向，并做好学期阅读规划。 2. 有浓厚的阅读兴趣，每期读书20～30本，阅读量不少于400万字。 3. 能认真填写阅读记录，书写工整；撰写的阅读报告均获优秀等级。 4. 积极参加交流活动，对阅读的图书提出自己的看法，并能受到优秀作品的感染和激励。 5. 能坚持每天做好课前准备和课后收拾整理，书包、抽屉整洁。 6. 有很好的卫生习惯，能很好地待人接物，受到好评。 7. 热心参加阅读的相关活动，至少获得一次校级一等奖奖励	1. 默读有一定速度，会浏览，能自觉调整阅读倾向，并做好学期阅读规划。 2. 保持浓厚的阅读兴趣，每期读书20～30本，阅读量不少于800万字。 3. 能认真填写阅读记录，并书写工整；撰写的阅读报告均获优秀等级。 4.主动参与同年级其他班级的午读交流活动，能很好地进行互动交流，获得好评。 5. 能坚持每天做好课前准备和课后收拾整理，书包、抽屉整洁。 6. 有很好的卫生习惯，能很好地待人接物，受到好评。 7. 热心参加阅读的相关活动，至少获得两次校级一等奖奖励。 8.能利用图书馆、网络等信息渠道获取资料，写简单的研究报告

六、星级授予与奖励

铜星、银星、金星、水晶星、钻石星等级均可获得相应称号的精美书签一张。此外，金星等级可凭金星书签利用课余时间在图书室享受每周一次阅读；水晶星等级可凭水晶星书签利用课余时间在图书室每周借书一次；钻石星等级不但可以利用课余时间在图书室每周借阅一次，还可以获得学校奖励的精美图书一本。

七、评价细则

1. 评价办法

（1）评价工作主要由班主任和辅导员负责实施，铜星、银星、金星由班级评价后确定，水晶星、钻石星评价后由班级报学校审核通过后确定。

（2）学校评价组对孩子的星级确定是否公平公正将进行调查了解。

（3）对孩子的评价以半学期为时间单位，应在每学期期中和期末考试前完成评价及星级确认工作。

2. 评价程序

班主任和辅导员共同组织孩子开展评价活动，必须先在小组内评议，然后在班级评议。水晶星、钻石星的授予必须经过学校审核。

星级评价程序为：孩子向教师提出星级申请（一至三年级孩子在教师指导下申请）—教师评价（学校审核）—确定孩子达到的星级—公布结果。

八、评价结果运用

（1）阅读星级评价结果记入《学生素质报告单》。

（2）评价结果作为学校表彰"阅读之星"的依据。

（3）评价结果以书面的形式向孩子公布，水晶星、钻石星将在学校集会上颁奖。

九、有关要求

（1）各年级要充分重视阅读评价工作的实施，蹲点行政和年级组长负责督促、指导工作，掌握班级评价工作是否按要求进行，确保评价工作健康、有效开展。

（2）全体教师都要提高认识，积极做好评价工作，努力通过评价促进学生增强阅读兴趣，提高阅读水平。

（3）学校、教师要把开展阅读评价的目的、意义向孩子和家长宣传，努力营造出人人关注阅读、支持阅读、认真阅读的良好环境和氛围。

（4）对在阅读方面取得明显成效的孩子，学校应通过多种形式进行表扬奖励。对评价结果不够理想的孩子，教师应立足于促进，要防止因不当评价而影响孩子的阅读热情。

（5）为规范评价工作，加强评价工作管理，所有评价的过程性材料都要存档备查。

南县实验学校图书室管理模式改革年度总结

南县实验学校教育集团　宋春华

根据南县教育局基础教育综合改革的总要求，在局公室的具体指导和基金会的帮助下，我们学校图书室本着一切为孩子服务的宗旨，围绕拓展阅读知识教育和发挥各班图书角的功能，从搞好图书管理、开展读书活动、培养孩子良好的阅读习惯入手，通过一年扎扎实实的努力，学校图书室管理模式改革工作所订立的目标基本达成，圆满地完成了各项工作。

一、总结与回顾

（一）图书室的建设与使用

多年来，我校高度重视在资金投入、人员配备等方面进行图书馆的建设。1999年全省普图工作中，学校被定为合格图书馆室。2011年，学校又新建了面积为100平方米的"阅读·梦飞翔"图书室，在原有图书的基础上添置了大量优秀的图书。通过全校师生的努力工作，上半学期的图书室工作获得好评，并奖励建立图书（二）室。图书（二）室约80平方米，已在2011年9月完成图书的选购工作，10月完成包书和图书分类、上架工作，12月正式开馆，开馆后全部开放使用。在图书室的开放时间，图书的使用率很高，全校孩子不但能在图书室上阅读课，还能把图书借回家进行阅读。据初步统计，全年人均借书数量达到60本以上。图书管理员尽职尽责，非常爱书，每学期结束前都要将所有图书进行一次彻底清理。因印刷厂的质量问题，有近百本图书散架，图书管理员将其一一打孔，并用线装订，又对部分图书标签脱落的地方进行了及时修补。一年下来，学校图书室没有一本报损、报废的图书。

（二）图书的借阅与归还

按照学校的图书借阅制度，孩子每次可以借一本书回家。我们利用阅读课的一部分时间，让所有孩子借还图书。即本次阅读课开始时，先归还上次所借图书，再开始上阅读课，快下课时又完成新一轮借书。孩子先自行选取图书，在教师指导下登记借书卡上的借书日期、借阅者、借书证号、还书日期等内容，填写完成后分组将借书卡上交图书管理员，然后由图书管理员进行电脑操作。每次借书时，阅读教师和图书管理员都要向孩子进行爱书教育，以延长图书的使用寿命，培养孩子爱书、惜书的良好习惯。学校每天有30分钟作为图书室的开放时间，孩子可按学校要求分年级在图书室看书，教师也可随时借阅图书。因此，在这充满书香的校园里工作、学习，大大激发了师生的阅读兴趣、学习热情和工作积极性，最重要的是让读书成为全体师生的习惯。

（三）阅读课和午读课的开设与组织

为了更好地发挥图书室的作用，学校及时开设了阅读课，认真制定了阅读课程安排表，组织一至六年级所有孩子到图书室上阅读课，每班每周一节，各班均安排一位阅读指导教师。由于组织得法，每次去图书室上阅读课的孩子就会兴高采烈地自觉提前整队进场，安静地阅读。与此同时，学校还专门开设了午读课。午读时间安排在每天下午上课前30分钟，列入课程表，谁也不能占用这个时间。午读由班主任和中队辅导员轮流组织，如班主任负责本周一、周三、周五的午读，那么辅导员就负责本周二、周四的午读，下周再倒过来轮一次，依次循环往复。在午读组织过程中，各班都能按程序进行，从孩子的收拾整理到读书心得体会的交流展示，每个程序都训练有素。为了让午读落到实处，真正让孩子受益，学校还专门成立了午读督查小组，由校长任组长，其他行政人员任组员，每人负责一个年级。学校要求各班按"课前准备""收拾整理""午读纪律""看书姿势""交流互动"五项内容组织午读，督查人员按五项内容进行督查记录，每周教师例会公布一次督查结果。这样，全校18个班级都能认真组织，不同年龄层次还有不同的要求：中、高年级孩子在培养良好读书习惯的同时，重点培养他们的表达能力；低年级孩子则重点培养他们收拾整理和良好的读书习惯。一年级孩子刚学拼音，识字不多，教师坚持每天为他们讲故事，并充分运用教室里的多媒体，将故事书的封面和书中的人物形象放大，展示给孩子。教师讲故事时绘声绘色，非常投入，而且边讲故事边互动，孩子收获很大，得到了孩子和家长的充分肯定。通过两年的训练，所有孩子已经形成了良好的收拾整理和读书习惯。

（四）阅读活动的培训与指导

为了更好地开展阅读活动，学校特别重视对孩子、教师和家长的培训与指导，采取集中学习、树立典型、现场观摩等形式，培训做到有专题、有重点、有计划，让大家明确自己的职责范围。一是重视对全体教师的培训，培训重点放在让大家进一步更新观念、提高认识上。县教育局组织部分学校校长、图书室负责人和班主任参加阅读活动讲座，大家听了以后都很有收获。为了让全体教师都能享受这次文化大餐，我们将讲稿复制下来，回校后结合学校实际做成幻灯片，在教师大会上宣讲。从为什么要重视阅读教育和养成教育到如何指导孩子做阅读记录和撰写阅读报告，教师的收获不小。二是重视对阅读课指导教师的培训，培训重点是让他们了解阅读课的程序以及阅读课上做什么、怎样做。如阅读课前安排孩子带好干净的鞋，把手洗干净，带好阅读记录册和笔，安静有序地排队去图书室；阅读课中的还书、看书、记录和借书；阅读课后的整理以及有序地回教室等。三是重视对午读课教师的培训，对象是班主任和中队辅导员，培训重点是让他们知道怎样组织好午读。四是重视对孩子的培训。学校对所有孩子提出阅读课及午读课的要求。孩子的培训由班主任和中队辅导员负责完成。教师刚开始组织孩子学习阅读组织细则，里面有准备和收拾习惯、分书发书习惯、阅读记录册和登记表的登记、阅读时间和教师安排、分享培训和怎样分享、借书方法和细则等内容，非常详细具体且实用。我们还根据学校的实际情况对这些内容进行了调整和完善。与此同时，学校将几个做得比较好的班级树立为典型，开展现场观摩活动，像课改听课一样，有经验介绍，也有点评反思。读书心得交流的观摩就像课改中小组合作学习一样，先选好一两个班的典型在教师例会上展示，各班选派几位代表参加，现场进行互动。这样，操作过程中遇到的问题基本能在这里得到解决。通过培训、观摩和反复实践，全校教师都能按要求熟练地进行操作。为了让孩子在家里也能养成读书的习惯，学校利用家长会的时间进行了"如何指导孩子课外阅读""怎样才能让孩子养成课外阅读的习惯"等专题培训，让孩子能与书相伴、与书为友，从小养成良好的阅读习惯，提高阅读素养，让阅读引领孩子快乐成长，带着梦想展翅飞翔。

（五）阅读活动的开展与评比

1. 举办宣传板报，评选优秀作品

图书角建成后，学校号召各班每学期举办一期高质量的板报，内容必须

与读书有关，主题是"我读书，我快乐"，要求在规定的时间内完成。通过学校验收评比，全校18个班级的板报都被评为优秀板报。除此之外，学校多次在孩子中开展了以读书为主题的手抄报评比活动，其中部分优秀作品分批在学校图书室黑板和校园墙报栏内展出。

2. 建立阅读档案，撰写阅读报告

每个孩子都有一个完整的阅读记录册作为读书活动档案。阅读记录册的封面被孩子装扮得五彩缤纷，里面记录了自己一年的读书情况。读书数量最多的孩子达100多本。记录册里的阅读报告更是被孩子发挥得淋漓尽致，一篇篇读后感想、一幅幅人物画卷、一段段好词佳句，记录了孩子用心读书的点点滴滴。孩子非常珍惜每月上交一次阅读报告的机会，教师也非常认真地对待每月一次的批阅机会，他们把这看成是在欣赏一件件高雅的艺术品。除此以外，学校还利用寒暑假开展了优秀阅读报告评选活动，在开学典礼上对获奖孩子进行奖励与表彰，评选出的优秀阅读报告均在图书室黑板报上分期刊登展出。

（六）阅读活动的开展与交流

实施奖励机制，举行系列活动。

（1）学校制订"阅读奖励计划"，在寒暑假和每学期评选出相当数量的优秀班级和个人，并颁发证书和奖品。全体师生都能积极参与读书节的各项活动，保质、保量、按时完成任务。开展阅读活动以来，学校共评选出"书香班级"30多个、"阅读之星"60多人、寒暑假阅读报告优秀奖获得者300人、优秀读书小报获得者100多人，并将被评为"阅读之星"的学生的照片在校宣传橱窗展出。

（2）各班利用班会和队会，组织孩子开展讲故事比赛、课文朗读比赛、读书征文比赛等活动，进一步激发了孩子读书的热情。在中心学校组织的"红色故事"比赛中，我校推选的两位选手分别获得一、二等奖。通过开展红诗朗诵比赛活动，激发了孩子爱国、爱党的热情。同时，学校以诵读活动为契机，引领和推动我校读书活动的开展，形成良好的诵读氛围，促进校园特色文化建设。

（3）学校组织孩子开展图画书创作活动，充分展示了孩子的风采，受到了家长、教育主管部门和社会各界人士的充分肯定与高度赞扬。

（4）学校利用双休日在一、二年级孩子和家长中开展"亲子共读"活动，也得到了师生和家长的一致好评。

（七）阅读成果的推介与指导

自"阅读·梦飞翔"图书室开馆以来，学校先后接待省内各市县参观者达几千人次，近至邻近学校，远至辽宁。每次接待都由教师和学生代表解说介绍，每位参观者都深受启发和教育。我们毫不保留地将学校图书馆建设和开展阅读活动的经验介绍给兄弟学校，真正起到示范引领作用，促使南县二十多所农村学校陆续进行图书室管理模式改革。

（八）阅读活动对家庭、社会的辐射与影响

自学校建立图书室并开展读书活动以来，学校在办学理念、办学条件、办学行为上都有较大的转变。学校建立了图书阅览室，各班建立了图书角，红红火火地开展了各种各样的读书活动，孩子的阅读兴趣和读书习惯得到培养和提高。与此同时，学校还利用家长会进行阅读活动主题培训。在家长会上，家长纷纷表示将一如既往地支持学校阅读活动，为孩子创设良好的学习环境，努力培养他们从小爱读书的良好习惯。孟校长在工作报告中总结了阅读活动的开展情况，着重强调了阅读活动的重要性。现在，"书架子工程"正逐步由学校向家庭、社会辐射，有的家庭在学校的影响和倡导下，也为子女布置了书房和图书架，并添置了不少图书，阅读氛围正一步步由学校走向家庭、走向社会。

（九）阅读活动情况的调查与反馈

学校在设立图书室前后，向孩子、教师、家长进行了问卷调查。通过问卷调查反馈，几乎所有的孩子、教师、家长对图书室的建立都持正面、积极的评价。孩子表示，图书室建立后，他们的阅读兴趣有所提高；教师表示，图书室建立后，孩子的阅读习惯和能力都有提升；家长反映，图书室建立后，他们的孩子更爱看书、更爱学习了。

二、收获与思考

一分耕耘，一分收获。图书室管理模式改革工作的实践，我们收获太多的成功与喜悦。每当看到教师们共同努力建成的既宽敞明亮又温馨舒适的新图书室时，每当看到孩子在图书室如饥似渴地吮吸着知识的甘露，每当看到孩子欣喜若狂地捧着从图书室借到的新书欢呼雀跃时，每当看到孩子专心致志地在教室里午读、在讲台上交流互动时，每当听到上级领导和知名人士的肯定赞扬时，南县实验小学师生的成就感和自豪感便油然而生！通过开展阅读活动，我们发现孩子是阅读的天才，从他们午读时的展示交流、撰写的阅读报告以及主

办的读书小报中就可以看出。通过开展阅读活动，我们感觉到孩子的综合素质明显提高，参加县级以上竞赛有200多人次获奖，在全县学科知识竞赛中名列第一，全县小学毕业生会考成绩名列前茅。孩子逐步养成了良好的读书习惯，阅读能力、写作水平、表达能力、理解能力都得到相应提高，特别是从小养成了做事之前做好准备和之后收拾整理的习惯，这将影响孩子的一生。有不少家长反映孩子进步了，不但会自己整理书包，连自己的房间都收拾得整整齐齐，连连夸奖学校这项活动开展得好。通过开展阅读活动，教师的理论素养和专业水平都有不同程度的提高；通过开展阅读活动，教师团结务实、勇于创新、乐于奉献、持之以恒的崇高精神得到充分体现。组织孩子午读是一项很辛苦的任务，相当于每天增加一节课的工作量，但教师们积极参与，非常主动地坚守岗位，没有任何怨言。

三、思考与提高

通过一年多的实践，我们认为，要想把图书室管理模式改革工作落到实处，还必须注意以下几个方面。

1. 学校校长要高度重视，深入其中

有位专家曾经说："小学时期的阅读能力影响孩子一生的成绩。"当阅读能力超越了解读的层次时，还能进一步完整分析、运用或批判文字传达的内容。党的十七届六中全会从时代要求与战略全局出发，以高度的文化自觉和文化自信，第一次提出了建设社会主义文化强国的奋斗目标。要想文化强国，就得从娃娃抓起。因此，校长要更新观念、与时俱进，懂得阅读工作的重要性，要把这项工作摆在课改工作的同等位置来抓；校长要像深入课堂一样深入阅读工作，并制定相应的激励机制，像奖励课改教师一样奖励阅读指导教师；校长要熟悉工作的整个流程，亲自参与督查，及时收集和了解情况，以便更好地指导工作。在这方面，南县实验小学校长孟玲积累了不少成功的经验。

2. 负责教师要钻研业务，精益求精

负责该项工作的往往并不是专业的图书管理员，有些教师尽管有些经验，但这次与以往的要求大不相同。因此，大家要好好学习学习，既可以向外校教师学习，也可以向图书室管理工作人员请教，我们就曾向城区五完小、牧鹿湖小学学习过他们的经验。最重要的是，负责教师要对图书室建设和阅读活动的具体操作程序认真研究，并且结合本校实际创造性地开展工作，做到了如

指掌、驾轻就熟，这样工作起来就会得心应手。我们南县实验小学的图书管理员就是这样勤奋好学、善于思考、勇于创新的教师。

3. 全体教师要以身作则，身体力行

要求孩子做到的，教师自己首先要做到。在上阅读课和午读课时，教师要坐在讲桌前认真阅读，不做任何与之无关的事情，不要在行间穿行，更不要讲话影响孩子阅读。教师平时也要养成阅读的好习惯，以最好的形象影响孩子。我们南县实验小学就有一支这样认真工作、以身示范的优秀教师团队。

要做好图书室管理模式的改革工作不是一件容易的事情，既要靠领导的重视，又需要教师和家长的支持。阅读活动的组织与开展更是一项长期的任务，要靠全体师生以及家长的不懈努力。因此，在今后的工作中，我们将不断总结经验教训，争取多方支持与配合，多学习先进经验，把图书管理工作和阅读活动的开展做得更细、更实，让实验小学书香四溢、芬芳迷人！

小学开展阅读学习的工作意见

南县教研室　施丽娟

一、指导思想

　　课外阅读是阅读教学的重要组成部分，与课内阅读一起构成了完整的阅读教学。从古至今，人们非常重视阅读。杜甫提倡"读书破万卷，下笔如有神"；著名语言学家吕叔湘先生也说过，他学习语文，三分得益于课内，七分得益于课外；国家总督学顾问柳斌说："阅读改变人生，阅读改变社会，阅读提高国民素质，阅读会为国家和民族的和谐发展与长治久安打下结实的基础。""阅读·梦飞翔"读书活动在我县部分学校的开展也展示了课外阅读对于开阔孩子的阅读视野、丰富孩子的课外知识、提高孩子的阅读能力、提升孩子的语文素养，都起到了不可替代的作用。《语文课程标准》指出，要"培养孩子广泛的阅读兴趣，扩大阅读面，增加阅读量，提倡少做题、多读书、好读书、读好书、读整本的书"，并且明确规定孩子应"背诵诗文240篇（段），九年课外阅读总量在400万字以上"。语文学习的"资源和实践机会无处不在，无时不有。因此，应该让孩子多读多写，日积月累，在大量的语文实践中体会、把握语文运用的规律"。这里所说的"大量"主要是指课外阅读，而不是现在常见的反复做题。

　　因此，为进一步弘扬优秀文化，落实《语文课程标准》提出的小学阶段背诵优秀诗文240篇和课外阅读量不少于400万字的要求，激发孩子诵读经典和阅读的兴趣，培养孩子独立阅读的能力，丰富孩子的语言积累和情感体验，提高孩子的语文素养，提升文化品位和审美情趣，使孩子在书香中成长、成人、成才，让阅读成为孩子的一种生活方式，促进全县中小学生人文素养和综合学习能力的可持续发展，特制定《南县中小学生阅读学习的工作意见》。

二、开展阅读学习的主要措施

1. 加大"阅读·梦飞翔"阅读工作力度

继续扩大参与"阅读·梦飞翔"的学校范围。已加入"阅读·梦飞翔"的学校，按照《阅读项目学校考核评分细则》展开评比工作，促进阅读工作常态化。

2. 课外阅读课程化

要把阅读纳入中小学语文学科建设范畴，广泛推进阅读课程的开设，制定出每个年级、每个学期的课外阅读单。课程表上每周安排一节阅读课，进行课外阅读指导或孩子学习成果的展示；每天利用早读或午读，安排孩子阅读30分钟以上。教师要上好三类课外阅读课。

（1）好书推荐课：推介阅读书目，激发孩子的阅读兴趣，提出明确的阅读要求。

（2）读书交流课：孩子在规定时间内阅读完书籍后，及时进行读书交流。

（3）读写链接课：组织孩子认真阅读整本书，在读书交流的基础上进行读写链接。练习写作，或仿写片段，或续写故事，或评价人物，或写读后感，以读促写，加深理解，使课外阅读达到一定的深度。

3. 拓宽阅读途径

《语文课程标准》提出"积极尝试运用新技术和多种媒体学习语文"，指明了利用现代媒体拓宽阅读的途径。各校要精心构建多元化的读书网络，引导孩子阅读整本的书，订阅适合各年段孩子阅读的报纸杂志，推进"天闻图书馆"电子阅读，广泛利用教育信息化开展QQ、微信、博客等多媒体阅读，在"教师博客"和"学生成长记录袋"中读书、荐书，以提高孩子使用数字图书馆的技能，引导孩子健康上网，开"网"有益。

4. 明确阅读内容

课外阅读要课程化，课程内容的确定至关重要。教师指导孩子读什么将直接影响课外阅读的效果，学校要根据《语文课程标准》的要求确定阅读的书目。一般而言，低年级的孩子宜选取图文并茂的课外读物，中、高年级的孩子可以适当选择一些逻辑性、故事性、说理性较强的读物。其中，《〈语文课程标准〉附录》列举的书目和配合《语文课程标准》编写的书目为必读书目，书目中有的已经随教材内容安排到相应年级推荐阅读，其余的根据深浅程度再结合孩子的年龄特点适当分解到小学各个年级。《语文课程标准》明确推荐古诗文75篇，除已经选进教材的篇目外，亦同时分解到小学各个年级，其中包含一些经典的诵读篇目。

5. 确保有书可读

各校要结合阅读活动的安排，进一步建立健全学校图书室、阅览室的借阅体系。学校图书室要尽快配齐、配全推荐的有关书目，健全有关的借阅制度，定时开展正常的图书借阅活动；学校阅览室以孩子为阅读对象的报刊资料要有一定的数量，每天正常开放，各班孩子定时借阅，确保孩子能够正常阅读周转；同时建立班级"图书角"，组织有条件的孩子将家中有阅读价值的书刊捐赠或借给班级"图书角"，与其他同学共享文化资源；要通过生动活泼的方式引导孩子节约每一分钱，养成自觉购书、藏书和读书的习惯。

6. 加强方法指导

提高课外阅读质量，方法很重要，教师要充分利用阅读课进行阅读方法的指导。从读物的角度来讲，可以指导孩子读文章的方法、读报纸的方法、读杂志的方法、读整本书的方法。从阅读方式的角度来讲，可以指导孩子学会精读的方法、浏览的方法。例如，浏览一本书，可以先看书名，再看内容提要、目录，然后逐页阅读，边看边做阅读符号。而精读则必须摘录好词好句，学会做读书笔记，对读物进行鉴赏、评价，还要背诵一些精彩段落。

7. 加强过程管理

各校要创造性地开展活动，努力形成本校的特色。利用宣传橱窗、校园广播、班队会、晨会、家长学校以及校刊、黑板报等宣传读书的意义，介绍读书的方法，推荐阅读的书目，推广古今中外的名人和大师的读书经验等。在教室开辟"读书园地"，设置"好书推荐""读书心得""阅读小博士评比"等栏目。

根据孩子的年龄特点和年级特点，结合学校的实际情况，有计划地开展"读书"系列活动，包括"书香班级""背诗能手""阅读小明星"等评选活动及朗诵、演讲、写作、讲故事、知识竞赛等竞赛活动。通过丰富多彩的活动，营造阅读的氛围，调动广大师生的积极性、自主性和创造性，让孩子享受读书的乐趣和成功的喜悦。要善于发现孩子读书活动中的先进典型，推广他们的成功经验。

教育局相关科室将加大对学校阅读活动的组织管理和指导督促工作，每年秋季组织一次相关活动。

（1）开展中小学自主阅读比赛活动。比赛内容为上一学年必读书目中的内容和选读书目中的内容（以必读书目为主）。

（2）结合少年宫（农村）活动开展演讲、写作、讲故事等活动。

·（3）组织经典诵读大评比。

8. 提倡亲子共读

开展"小手拉大手，同读一本书"的亲子共读活动。提倡家长与孩子一起阅读，一起交流读书心得，一起玩读书游戏，共同设计"读书卡"、办读书小报（电子版或手抄版）。学校每年评选出"书香家庭"。

三、开展阅读学习的保障与奖励

1. 加强领导与培训

各学校要安排专人负责阅读工作，上岗前须接受培训。业务校长负责培训教务主任，教务主任负责培训图书管理员（含统筹员）。各校要制订周密的活动计划和具体的落实措施，制定考评细则与考评方法，科学使用考评结果，确保本项活动始终在务实高效的轨道上有序开展和健康运行。

2. 考核评估

在评估验收活动中，教育局将通过一定的形式和途径检查孩子课外阅读活动的开展情况与效果，分值20分，并将评价结果纳入课改与信息化深度融合评价中。

课外阅读评价项目包括教师课外阅读指导计划及教案、听一节课外阅读指导课、早读（或午读）、孩子学习成果、阅读记录册、校园书香氛围营造、学校图书室及班级图书角藏书情况、学校考评细则与考评方法、活动过程性材料的记录（含照片或视频资料）、图书借阅登记记录等。

每年秋季县局组织的相关读书活动设立奖项，一等奖占20%，分值8分；二等奖占30%，分值4分。由南县教育局颁发获奖证书。

3. 奖励办法

考核内容包括常态化检查及县教育局组织的活动，考核结果每学年通报评比一次，县教育局专项奖励相关学校与突出个人。一等奖占20%，单位奖励5000元，个人奖励1000元；二等奖占30%，单位奖励3000元，个人奖励600元。单位考核排名后三位的学校取消当年评选先进的资格。

指导孩子课外阅读专题

南县教育局　刘　娜

尊敬的各位家长：

下午好！欢迎各位家长的光临。今天培训的主题是：如何指导孩子的课外阅读。

每一个家长都在思考与探索，如何为自己的孩子铺就一条通往成功人生的平坦大道。那么，铺就这条大道最优质的材料就是书籍，最有效的办法就是培养孩子浓厚的读书兴趣，最关键的措施就是从小培养孩子良好的读书习惯。

怎样培养孩子良好的读书习惯呢？这需要家庭、学校、社会的共同努力。为此，学校争取了香港"阅读·梦飞翔"文化关怀慈善基金会的大力支助，精心设计并建设了富有童趣、符合孩子阅读心理的校园图书室，选购了很多适合孩子看的书。每周开设了阅读课，每天开设了午读课，学校图书室向全体孩子开放。除此以外，学校开展了"好书伴我快乐成长"的读书活动，如"阅读·梦飞翔"书友会，受到了省领导和专家的肯定与高度赞扬。在即将到来的庆六一活动中，孩子们又将以诗歌朗诵会的形式，展示汇报他们的读书成果。学校还在寒暑假开展了读书系列评比活动，评选出一大批读书数量较多的孩子和阅读报告写得较好的孩子。2016年下学期和本学期，学校还评选了两批"阅读之星"和"书香班级"，"阅读之星"在学校宣传栏展出。孩子能与书相伴、与书为友，在学校养成良好的阅读习惯，提高了阅读素养。如今，阅读已引领孩子快乐成长，带着梦想展翅飞翔！

为了使读书活动开展得扎实有效，学校曾向每一位家长提出了"营建书香家庭，伴孩子读书成长"的倡议，诚望家长创造条件，加大投入，为孩子课外阅读提供有力支持，亲历阅读，耐心引导，积极营造"书香家庭"的氛围。现在已有不少家长响应了学校的倡议，非常重视孩子的课外阅读，为孩子创设了良好的读书环境和条件，而且有不少成功的经验。但也有不少家长为没有找到合适的指导方法而困惑。那么，怎样才能更好地指导孩子的课外阅读，让孩子从繁重的功课中解放出来，从电视机、游戏机旁边走向奥妙无穷的读书生活呢？笔者认为，下面几个案例可以借鉴与参考。

方法一：电视"做媒"

有这样一位家长，她想出了利用茶余饭后和孩子看电视引导其看书的办法。她利用小说改编的电视剧不同于原著的特点，让孩子自发去读书。于是，在看电视连续剧《西游记》的时候，她总是跟孩子说电视剧哪里改编得好、哪里有出入、哪个人物具有原创性、哪个人物不同于原著。于是，孩子便有了翻看原著的想法。孩子第一次将一部长篇小说看完，觉得受益匪浅，之后便在电视作品与纯文学作品中找到了一片阅读的天地。到目前为止，她儿子看的小说已经比原来多多了！

还有一位家长，说她的儿子现在上初中，特别爱看一些史诗性的电视剧。但由于电视台每晚只播两集，儿子很是心急，便自己找出书来先翻阅，然后抢在电视剧播出之前跟家人"炫耀"他已经知道要演什么了。

方法二：旁敲侧击

为让孩子读书，在医院工作的王女士想了很多方法，却都不得要领。有一次晚饭过后，她没有去看电视，而是和丈夫就报纸上推荐的几本图书大发议论，他们有滋有味地谈论着几本正热卖的书。一旁的孩子作业写不下去了，父母的争论被他通通记住。几天后，那几本热卖的书在家中一一出现，孩子和对大人谈一些自己对这些书的想法。虽然有些想法很幼稚，但父母很高兴，因为孩子中了他们的"圈套"，喜欢上了读书。

方法三：营造氛围

在外地教书的朋友说他们住在学校的单身宿舍里，女儿刚出世时，家里居住面积小，书又多，她的儿童床上铺了厚厚的一层书。就这样，女儿一天天在书堆上长大，却没有弄脏、弄折一本书。她似乎对书有一种眷恋，长大了从不挑吃挑穿，漂亮衣服比别人少，但各种藏书却比别人多。

方法四：利用时间

孩子和家长经常会抱怨没有时间读书，其实我们的大脑很多时候都处于空闲状态。比如，在医院的长椅上等候看病和等人等车的时候，若把这些时间利用起来，既充实了自己，又获取了知识，真是一举两得。

方法五：对症下药

"书中自有黄金屋"是中国的一句古话，可现在有很多孩子却意识不到这一点。为此，严先生巧施一计，让他的儿子从书中尝到甜头："每次我让孩子看书，他都以功课忙为理由，一律拒读。但我却找到了他的一处软肋，就是他的作文差。一次，在他写作文之前，我先让他看了一本书，要求他读一遍，记一遍，并将所有能理解的优美词语尽量恰如其分地用在作文中。结果，老师的评语是'词汇丰富，语言生动感人'。于是，孩子在阅读的过程中逐渐找到了写好文章的方法，便自己主动找书来读。"

方法六：吊足胃口

做编辑工作的张女士说，她小的时候父亲经常给她讲故事，可往往讲到一半就刹住话题，让她自己看书寻找故事的结局，张女士就这样慢慢培养起了良好的读书习惯。

现在已经当了妈妈的周女士也谈起小时候父亲引导他们兄妹几个读书的情景："我爸爸那时特爱考我们问题，还时常说我们答得不对或不完全对。孩子们不服，他就会告诉我们去查书。有时，他故意说错，考我们读得仔细不仔细。孩子们都不示弱，劲儿就较在看书上了。"

方法七：以身作则

现在很多孩子不爱看书，关键原因在于家长不爱看书。家长晚饭后多是看电视连续剧、逛街、打麻将，很少能坐下来看一会儿自己喜欢的书。所以，孩子也很少看书，多是跟家长一块看电视，或者找朋友玩游戏。在法院工作的武女士就不同，她晚上很少看电视，都是坐在孩子旁边和她一起看书。女儿起初特别不愿意，眼睛总往电视的方向瞄。武女士干脆"剥夺"了丈夫看电视的权利，组织两人一起读书，女儿这才塌下心来。渐渐地，女儿开始真正意识到书的"含金量"了。现在不用武女士督促，女儿也能自觉读书了。

以上案例说明了一个问题，只要以身作则、持之以恒，就一定能成功。相信家长们指导孩子课外阅读的方法会更科学、更高明！

读书是一项长期的工程，也许短时间内看不到读书对孩子的帮助，但长期坚持下去，孩子的语言丰富了、知识面广了、视野开阔了、聪明懂事了、情感丰富了、会体贴家长了!

尊敬的各位家长,为了孩子的明天,让我们携起手来,为他们铺就一条通向成功的平坦大道吧!

谢谢大家!

第二篇

阅读推广

家庭阅读推广板块

"童心童读，同编共演"阅读活动

推广方案（南县实验学校教育集团　梁玲）

"最是书香能致远，腹有诗书气自华。"为培育和践行社会主义核心价值观，落实立德树人根本任务，以提高孩子及其家庭文化素养为根本，以培养孩子养成良好的阅读习惯为重点，以形式多样的读书活动为载体，激发孩子阅读的积极性，努力塑造内涵丰富、特色鲜明的"童心童读，同编共演"书香家庭，从而推进"书香校园"文化建设，特制订本方案。

一、活动目标

（1）帮助家长充分认识早期阅读的重要性，营造良好的"相伴共读，书香润德"家庭阅读氛围，让书香计划走进每个家庭。

（2）让更多的孩子与家长能与书为友，多读书、读好书，在陶冶情操、滋润心灵的读书活动中，学会关注自然、关心社会、关爱他人。

（3）促进孩子认知的发展，为家长重拾童心创设活动平台，指导家长在与孩子一同读书、一同创编、一同表演中，享受亲子共读的乐趣，培养孩子良好的读书习惯，提高孩子的阅读能力。

二、活动对象

四年级全体学生及家长。

三、活动口号

童心童读，同编共演。

四、实施步骤

1. 启动阶段（9月上旬）

通过家长会、家访或"校比邻"、微信群等平台下发《"童心童读，同编共演"家庭阅读活动方案》，指导家长正确认识自己的率先垂范在孩子的成长过程中所起到的重要作用，明白阅读在一个人成长中的重要意义，了解活动的大致要求，动员全体家长积极参与活动，为活动的开展做好准备。

2. 实施阶段（9月中旬至12月底）

（1）根据孩子的学情，教师向家长推荐亲子阅读书目，协助家长为读书活动选取必备的书籍（纸质书或电子书）。

（2）通过家长会、家访或"校比邻"、微信群等平台指导家长如何进行亲子共读。具体从以下几个方面进行指导：

① 每日共读。每天花20～30分钟时间和孩子一起读书，并利用"校比邻"读书打卡竞赛或微信群、朋友圈等，发图片并配上简短文字。

② 每读共思。在亲子共读中，家长提出一些问题让孩子思考回答，让孩子加深对书中内容的理解，促使孩子主动阅读、主动思考、主动探索，培养孩子观察、分析及初步的推理能力。

③ 读后共联。根据阅读的内容，家长可以在阅读后和孩子一起朗诵、画画、表演，将阅读活动进一步延伸，激发孩子的阅读兴趣，拉近亲子距离，促进两代人心灵的交流，与孩子一起在阅读活动中共同成长。

（3）教师定期了解每个孩子家庭的亲子共读情况，及时给予帮助，并收集有价值的方法和经验。

（4）读书交流。

① 教师就亲子共读中涌现的一些有效的方法和存在的共性问题进行归纳总结，并组织家长讨论和学习。

② 节假日开放学校图书室或班级图书角，以班级为单位，邀请家长协助指导孩子借书、还书活动，交流亲子阅读经验。

③ 年级组织进行"故事爸妈来了"活动，邀请热心的家长来讲故事，与孩子合作讲故事，增进家校联系和亲子关系。

3. 总结和延伸阶段（1月下旬）

（1）评比"书香家庭"和"阅读明星"（每班5名）。

（2）各班汇报演出，家长和孩子同台表演自编自演的读书节目。

附：

"书香家庭"评选标准

1. 家庭有图书专柜，有一定的藏书量。

2. 学生每天都阅读课外书，按教师的要求做好标记、摘录或读书笔记，并坚持朋友圈打卡。

3. 家庭成员有共同学习、相互交流的良好习惯，有定期共读一本书的阅读体验。

4. 孩子在童话剧小组汇报演出中获奖，或在"故事爸妈来了"中表现优秀。

5. 家庭能定期为孩子购买一些文学书籍，并能让"图书漂流"。

6. 家长经常带孩子到图书馆、图书室、新华书店等地开展读书活动，并担任义工。

📖 活动总结（南县实验学校教育集团　谭腊元）

为了让更多的家长参与亲子共读，投身到培养孩子读书兴趣的活动中，本学期我校在中年级开展了"童心童读，同编共演"家庭阅读推广活动。此次活动得到了不少家庭的大力支持，并取得了良好的效果。

一、推荐好书，激发兴趣

适合学生年龄和心理成长的书，才能让他们感兴趣，也才能真正滋养他们的精神。因此，我校利用"校比邻"微信群等平台，向家长推荐适合孩子阅读的书籍，如《童年》《皮皮鲁传》《鲁滨逊漂流记》《西游记》《水浒传》《一千零一夜》《高土其科普童话》《爱的教育》《昆虫记》等。要求家长每天坚持亲子阅读半小时，填写好《亲子阅读记录卡》；每天参与"校比邻"亲子阅读打卡活动5分钟，平台会每天自动统计数据。然后让家长悄悄准备一份惊喜，届时由教师颁奖。家长最了解自己的孩子，所以他们挑选的礼物也别出心裁，孩子读书的积极性被极大地调动起来。

二、亲子共读，同编共演

双休日学校开放图书室，以年级为单位，教师邀请各班在前期阅读打卡活动中做得好的家长和孩子来校共读一本书。家长还可以当义工，为学生选书、还书做指导。每周五，我们还邀请家长代表到学校，利用午读课和自己的孩子合作表演故事或进行好书推荐。由于形式新颖，孩子兴致很高，有效推动了亲子阅读。

三、指导阅读，提质增效

得阅读者得语文，得语文者得天下。我校不仅要求家长亲子共读好书，同时还不遗余力地通过"校比邻"、微信群等平台指导家长亲子阅读的方法。

1. 猜猜是哪本书

在孩子较熟悉的书中，请孩子讲述一个故事、一个场景或出现过的形象，家长认真倾听后猜猜它出自哪本书、哪个故事。家长肯定很轻易就能猜出答案，但在孩子面前，家长一定要当个不那么聪明的"学生"。家长假装猜不出来，让孩子把故事的结构再理一理或者再多说点细节，然后假装很努力地去猜，甚至有时还要故意猜错，从而促进孩子更仔细地读原文，培养孩子仔细阅读的好习惯。

2. 我的舞台我做主

选择书中的一个场景，指导孩子分配角色设计情境，家长按需要也可以参与其中，还可以邀请小组同学参加，比比谁演得更好。能把书中的情节表演出来，是理解的最高境界。学生不但要明白故事情节，还要领会角色的感受、情绪，想象并演绎出角色的动作、表情，一点儿都不简单。

3. 读书跷跷板

家长读一页，孩子读一页，读后将自己阅读的部分讲给对方听。因为家长的词汇存储更丰富、语言表达更有条理，在轮流讲述中可以引导孩子表达得更有逻辑。随后从片段到条理化，可以升级为家长和孩子一人读一本（相同的书），然后一起把整个故事串起来。这是帮助孩子提高复述故事兴趣的一个有效方法。这招可以用很久，读相同的故事，家长和孩子之间会有更多共同的话题，效果不错。

4. 我的最爱

家长和孩子交流彼此最喜欢的书中的某一段落、某个故事或者某个角色，分析记忆深刻和喜欢的原因，由阅读引导思考。这样的交流过程正是教会孩子领会真、善、美和建立价值观的过程。如果彼此喜好一致，那就算一拍即合、心有灵犀；如果不一样，要努力讲出理由，并试图说服对方。

经调查，教师推荐的这些"小把戏"分享给家长后，普遍反馈效果不错，学生的阅读兴趣被充分调动起来了。那些对阅读不感兴趣的孩子，对演绎故事情节兴趣浓厚。他们在剧本排演过程中能完整、流利地复述台词，并乐此不疲，还嫌戏份不够、台词太简单。

四、评优鼓励，总结提升

这次活动，蔡晨研、陈沂汐、徐芷芊、陈梓琪等45个家庭光荣地被学校授予"书香家庭"称号，并颁发了证书。蔡晨研家长感言，这一次活动再次重温了他们童年的读书梦，让他们再次感受到了书香的魅力。唐心妍家长感言："'童心童读，同编共演'活动的开展，让我为女儿找到了兴趣这位老师。"罗哲宇妈妈说："感谢阅读打卡活动，让孩子养成了良好的阅读习惯，就像一日三餐不可不吃一样。"亲子共读营造了良好的学习氛围，提高了学生读书的兴趣，实现家长与孩子共同阅读与学习、阅读与生活、阅读与成长的融合。此次活动，学生、教师以及家长都获益匪浅。

不可否认的是，通过"书香家庭"活动的开展，我们发现孩子与家长之间的沟通越来越多了，家长对孩子的辅导能力越来越强了。亲子共读丰富了家庭文化生活，读书活动让不少家长放下手机、离开麻将，和孩子一起走进书本，每天晚上自觉抽出一定的时间和孩子一起阅读。读书活动让家长和孩子的视野开阔了，孩子的识字量增加了，阅读能力也提高了。

一本书，两代人。"童心童读，同编共演"活动的开展让我们看到了这样的温馨画面：在温和的灯光下，家长和孩子打开同一本书，一起阅读、讨论、学习，做孩子学习的伙伴。有的家长还把读书内容和感受发到班级微信、"校比邻"《孩子成长档案》里，让阅读真正走进孩子的心灵深处，让书香浸润到了孩子的家庭，让家长与孩子共同分享读书的乐趣，让育人的空间从学校延伸到校外，从而很好地发挥家庭的育人功能。徐芷芊爸爸说："'童心童读，同编共演'活动让我在与孩子一同读书、一同创编、一同表演中，享受亲子共读的乐趣，也培养了孩子良好的读书习惯，提高了孩子的阅读能力。"

本次"书香家庭"评选活动从制订方案、宣传发动到评选结束，历经四个多月的时间。从各班上报的材料来看，家长也存在个体差异：有的家长对这项活动认识不够；有的家长因实际困难不能与孩子一起读书；有的家长坚持的时间不长，不能将阅读变成一种常态。

为营造良好的"相伴共读，书香润德"家庭阅读氛围，让书香计划走进每个家庭，我们希望通过努力，让每个家庭都能建设好孩子的书房，争取让更多的孩子和家长共同享受读书的乐趣，让家庭弥漫书香，让书香润泽生命。

第二篇 阅读推广

"书香溢满家庭，书韵伴随成长"阅读活动

📖 推广方案（南县实验学校教育集团 李娅）

莎士比亚说："书籍是全世界的营养品。"阅读是人类认知和文明进步最主要的方式。为达到我校创建阳光、文明、平安、和谐、诗意校园的目标，以培养孩子养成良好阅读习惯为重点，以形式多样的读书活动为载体，激发孩子读书的积极性，努力营造"书香溢满家庭，书韵伴随成长"的家庭阅读氛围，特制订本方案。

一、活动目标

（1）让家长充分认识良好的阅读习惯将让孩子终身受益，营造良好的"相伴共读，书香润德"家庭阅读氛围，让书香计划走进每个家庭。

（2）让家长做孩子的榜样，陪伴孩子养成良好的读书习惯，与书为友，多读书、读好书。让书香溢满家庭，陶冶情操；让书韵伴随孩子成长，滋润心灵。

（3）引导孩子阅读经典，在创编、表演的过程中享受到读书的乐趣，用阅读点燃其成长的道路。

二、活动对象

五、六年级全体学生及家长。

三、活动口号

书香溢满家庭，书韵伴随成长。

四、实施步骤

1. 启动阶段

（1）宣传发动，提高认识。通过家长会、家访或"校比邻"、微信群等

平台下发《“书香溢满家庭，书韵伴随成长”家庭阅读活动方案》，让家长明白阅读在一个人成长中的重要意义，意识到身教重于言教，了解活动的大致要求，动员全体家长积极参与活动，为活动的开展做好一定的准备。

（2）了解学情，推荐阅读书目。根据孩子的学情，教师向家长推荐亲子阅读书目，协助家长为读书活动选取必备的书籍（纸质书或电子书）。

2. 实施阶段

（1）多渠道进行操作指导。通过“校比邻”、微信群等平台指导家长如何营造家庭阅读氛围，有效开展家庭阅读活动。

① 开展“21天阅读好习惯”打卡活动。每天花20~30分钟时间陪伴孩子阅读，并利用“校比邻”读书打卡竞赛或微信群、朋友圈等，发图片并配上简短文字，激发孩子阅读的积极性。

② 亲子共读，读思结合。家长和孩子共读一本书，家长适时地提出一些问题让孩子思考回答，让孩子加深对书中内容的理解，促使孩子主动阅读、主动思考、主动探索，培养孩子观察、分析以及初步推理的能力。

③ 有趣情节读演结合。读到孩子感兴趣的情节，家长可以和孩子一起朗诵、画画、表演，将阅读活动进一步延伸，激发孩子阅读的兴趣，拉近亲子距离，促进两代人心灵的交流，与孩子一起在阅读活动中共同成长。

（2）教师通过微信、电话、家庭走访等方式了解每个家庭的亲子共读情况，及时给予帮助，并整合有价值的方法和经验。

（3）评比促进 表彰奖励。教师针对孩子阅读打卡的情况定期小结，对每天能坚持阅读的孩子予以相应的奖励（选择一些学生喜欢的书本作为奖品），从而更好地促进其他孩子积极阅读。同时对每天坚持亲子共读的家庭予以表扬，并作为期末评选“书香家庭”的重要依据。

3. 总结延伸

（1）评比“书香家庭”和“阅读明星”（每班5名）。

（2）开展班队活动，让名著登上舞台。开展情景剧表演，学生表演自编自导的读书节目。

📖 **活动总结** （南县实验学校教育集团 熊艳）

得阅读者得语文，得语文者得天下。这句话道出了阅读的重要性。家庭是社会的细胞，对于提高全民素养、促进社会发展有着至关重要的作用。为了更大力度地发挥家庭阅读的影响力，让家长和孩子一起亲子共读，营造良好的阅读氛围，本学期我校在高年级开展了"书香溢满家庭，书韵伴随成长"家庭阅读推广活动。本次活动得到了众多家庭的大力支持和响应，取得了很好的效果。

一、部署得当，组织严密

1. 好书引领，激发阅读兴趣

歌德曾经说："读一本好书，就是和一位品德高尚的人谈话。"适合孩子年龄和有助其成长的书籍才能滋养他们的心灵，有益于他们的身心健康成长。为此，我们在活动前期通过"校比邻"、微信群等平台向家长推荐适合学生阅读的书目，如《爱的教育》《鲁滨逊漂流记》《汤姆·索亚历险记》《凡卡》《城南旧事》《草房子》《我的妈妈是精灵》《夏洛的网》《西游记》《水浒传》《三国演义》等。这些书籍有的是课本的延伸，有的是小学必读书目，有的是经典名著，能充分调动学生阅读的兴趣。

2. 亲子共读，坚持每天打卡

倡导家长和孩子一起坚持每天亲子共读20~30分钟，填写好《亲子共读记录卡》，从"21天养成好习惯"打卡活动开始，坚持每天微信打卡。一个周期后，对每天坚持阅读的孩子予以奖励。教师精心挑选一些适合孩子阅读，又深受孩子喜欢的书籍作为奖品，从而极大地调动了他们阅读的积极性。

3. 微信交流，经验分享

教师经常在班级微信群里了解亲子共读的情况，组织家长进行交流探讨，分享亲子共读的乐趣，分享让孩子爱上阅读的金点子。黄奕涵妈妈说："时间就像海绵里的水，挤一挤总是有的。平时工作虽然忙，但我利用早晨、午饭后或入睡前的几分钟给孩子讲故事，和孩子一起亲子共读，女儿学习兴致提高了，我也很开心！"刘予涵爸爸说："每天放下手机和孩子一起共读一本书，是我最幸福的时刻，既帮助孩子养成了好习惯，又放空了自己焦躁的心情。"陈卓尔妈妈说："身教重于言教。我过去唠叨一百句让孩子多看书、少玩游戏，不如现在陪伴孩子一起读书来得有用。"彭晨扬爸爸说："孩子越来越喜欢看《三国演义》了，经常会提一些历史性的问题问我，逼得一向不怎么看书的我也要捧起这本书好好细读了。我与孩子一起长知识。"微信群中积极的交流、快乐的氛围，充分见证了家庭阅读带给家长的幸福感和带给孩子的快乐感。

二、读思结合，读写结合

高年级的孩子不仅要具备一定的阅读量，还要有一定的阅读理解能力和听说读写能力。这就要求孩子不仅爱读书，还要有敢于质疑、善于提问、乐于表达的能力。所以，在亲子共读中，我们倡导家长和孩子一起互相提问，一起说故事内容、猜故事结局、写后续情节、推荐喜欢的书目……从而促进孩子更专注地阅读书籍，增强了他们的想象力、思维能力和表达能力。

三、家庭总动员，表演乐翻天

选择书中一个孩子感兴趣的故事或场景，家长和孩子一起朗诵、画画、表演，将阅读活动进一步延伸，激发孩子阅读的兴趣，拉近亲子距离，促进两代人心灵的交流，使家长和孩子在阅读活动中共同成长。通过经常在家中开展这类活动，孩子对故事情节有了更充分的了解，对人物心理、角色感受有了更清晰的解读。在班队活动"让名著登上舞台"的情景剧表演中，大部分学生都能积极参与、出色表现。尤其是胡哲浩、汤梓彧、段友健表演的《完璧归赵》，将人物形象刻画得淋漓尽致。

四、充分肯定，适时引导

在亲子阅读过程中，家长和孩子互相交流各自最喜欢的某本书籍或某个故事、某个人物，说出喜欢的理由，对于孩子积极向上的喜好予以及时的表扬和肯定，并表示认可和赞同。对于孩子偏执的理解和错误的认知也要适时地引导，教会孩子领会真、善、美和建立正确的人生价值观。在不知不觉中，让孩子真正做到"读进步的书，做最好的我"。

五、总结评优，表彰奖励

活动最后，我们利用家长会的契机，共评出40个"书香家庭"，并颁发了荣誉证书。张瑾暄妈妈作为优秀家长感言："这次活动，让我再次重温了童年的读书梦，感受到了书香的魅力。既享受了亲子共读的乐趣，也培养了孩子良好的读书习惯。因为阅读，我的女儿思维能力、表达能力、写作能力都有了很大的提升，是书籍给孩子的梦想插上了翅膀。"她的发言引起了广大家长的共鸣，大家纷纷表示希望学校经常开展这样的活动，这样就能更好地督促家长多多陪伴孩子阅读，让书韵伴随孩子成长。

我们惊喜地发现，通过这次活动的开展，教师与家长之间的距离拉近了，家长陪伴孩子的时间越来越多了。更多的家长能放下手机、减少应酬，积极参与到亲子共读中，浸润于书香中，丰富了家庭文化生活，在书海中遨游，开阔了一家人的视野。

本次活动，从制订方案、宣传发动到组织开展、评选结束，历时三个多月，提高了广大家庭的阅读意识，也让许多家庭很好地发挥了阅读育人的作用。

当然，活动也有值得探讨之处，即如何行之有效地将家庭阅读工作长久地坚持下去。有的家长因实际困难不能与孩子一起读书；有的家长坚持的时间不长，不能将阅读变成一种常态；有的家长常年在外工作，孩子交由爷爷奶奶监管，很难进行亲子阅读；等等。这些实际困难都值得我们深思，然后想办法解决。

活动虽暂时告一段落，但阅读之步永不停歇。我们希望通过今后的努力，让书香计划走进每个家庭，惠及每个孩子，让更多的孩子和家长共同享受阅读的乐趣，让"书香溢满家庭，书韵伴随成长"！

"让家庭教育落地生根"阅读活动

📖 推广方案（南县实验学校教育集团　罗艳辉）

家庭阅读是家长与孩子一起阅读的一项活动。这项活动不是单方面的，而是家长和孩子共同参与的亲子阅读。亲子阅读要授之以渔，而不是授之以鱼。通过阅读让孩子养成阅读的兴趣和习惯，将阅读变成孩子生活中必不可少的一部分，让阅读成为孩子的一种快乐、一种享受，以此培养孩子爱阅读、会阅读、乐阅读的习惯。

一、活动目标

学校是孩子学习成长的地方，家庭是孩子栖息的港湾，学校和家庭是孩子一生受教育的两个重要阵地。家校携手开展"亲子阅读，书香家庭"活动，营造浓厚的读书氛围，激发学生的读书兴趣，培养学生的读书习惯，促进学生全面健康地成长，建设"书香校园""书香班级""书香家庭"。

二、活动对象

全体学生及家长。

三、活动口号

让家庭教育落地生根。

四、实施步骤

1. 启动阶段（2018年10月上旬）

下发《亲子阅读活动告家长书》，引导家长正确认识自己的示范作用在孩子成长中的重要作用，认识阅读在一个人成长中的重要作用，认识亲子共读不仅可以帮助孩子培养读书的兴趣，形成好的阅读习惯，而且是家长与孩子进行情感交流的有效方法。

2. 初步实施（2018年11月）

教师定期了解每个家庭亲子共读的情况，及时给予帮助，并收集有价值的方法和经验。

3. 读书交流（2018年12月中旬）

（1）教师就亲子共读中出现的一些共性问题和有效的方法进行归纳总结，并组织家长讨论和学习。

（2）有条件的情况下，让有成功经验的家长做讲座，现身说法，给大家传经送宝。

（3）年级组进行"讲故事比赛"。

4. 总结和延伸（2018年12月下旬）

（1）评比"书香家庭"和"阅读明星"（每班各5名）。

（2）各班上交5篇亲子阅读心得体会。

五、指导亲子共读的具体方法

许多家长说："我们没有时间和孩子一起读，也缺乏经验，不知该怎么读。"由此，我们发出了"每天共读半小时，书香拉近两颗心"的读书倡议，并从以下几个方面进行具体指导。

1. 每日共读

其实，亲子共读并不需要太多时间，每天只要20~30分钟即可，关键在于持之以恒。

2. 每读共思

在亲子共读中，家长引导孩子边读边思考，使阅读成为一种积极的活动，培养观察、分析、初步推理的能力。家长要提出一些问题让孩子思考回答，加深孩子对书中内容的理解，促使孩子主动阅读、主动思考、主动探索。

3. 读后共联

阅读不是读完即可的事情，成功的共读活动可以唤起阅读者丰富的联想和广泛的兴趣，如画画、表演、观察、实验，都是非常积极的响应。家长要抓住孩子的兴趣，进一步延伸阅读，起到事半功倍的效果。通过活动使家长感到，阅读不仅是孩子有效的学习渠道，也是拉近亲子距离，促进两代人心灵交流最好的方法之一。孩子的阅读在于家长陪伴学习的过程，家长的成长（思想理念、教育方法等）在于和孩子一起活动中共同成长。

六、"书香家庭"评选标准

（1）家庭有图书专柜，有一定的藏书量。

（2）孩子每天都阅读课外书，按教师要求做好记号、摘录或读书笔记。

（3）家庭成员有共同学习、相互交流的良好习惯，有定期共读一本书的阅读体验。

（4）家庭成员有突出的读书成果（包括读书体会、读书心得、作品获奖及发表等）。

（5）家庭能定期为孩子购买一些文学书籍。

（6）经常带孩子到图书馆、图书室、新华书店等地开展读书活动。

（7）阅读过教师推荐的书籍。

七、"阅读小明星"评选标准

（1）热爱读书。

（2）能主动进行大量、广泛的阅读，出示学期阅读书目。

（3）能主动带动同学们读书，热心班级图书角的建设，经常主动向教师、同学推荐好书，在课外阅读活动中有较突出的表现。

（4）阅读过教师推荐的书籍。

（5）能有计划地完成读书笔记或心得。

📖 **活动总结**（南县实验学校教育集团　夏　顺）

"腹有诗书气自华。"读书不仅能积累语言、丰富知识，而且能陶冶情操，受益终身。为了推进学校书香校园的建设，提高学生的阅读兴趣和阅读能力，使浓郁的书香飘进家庭，我校10月以来继续开展为期半年的以"提倡亲子共读，创建书香家庭"为宗旨的家庭阅读推广活动，取得了良好的效果。

一、精心组织，强化宣传

为了让家长认识到亲子阅读活动的重要意义，积极参与到活动中，首先，学校给家长下发《亲子阅读活动告家长书》，引导家长正确认识自己的示范在孩子成长过程中的重要作用，呼吁家长与孩子共同阅读。主要内容是为孩子建立温馨、舒适的阅读环境；设立家庭图书架，并适时添置一定数量的好书；每天抽出至少30分钟的时间与孩子共同阅读，家长和孩子相互监督读书情况，并用亲子阅读记录卡记录下来，使教师能清楚地了解每个家庭的亲子共读情况。其次，学校向各个年级适时推荐阅读书目，这样便于掌控学生的阅读范围。家长还可以引导孩子选择适合自己年龄阶段的有益读物，让孩子从不断提高的阅读能力中获得持久稳定的阅读兴趣。

二、搭建平台，跟踪指导

各班班主任和中队辅导员建立了专门的班级亲子共读群，利用"校比邻"、微信群等平台及时调度家长和孩子共读的情况。每周五晚上，教师整理班级亲子共读的情况，及时公布在班级微信群里，并指导家长进行亲子共读。例如，五年级语文教师指导家长要经常与孩子在一起交流读书的方法和心得，鼓励孩子把书中的故事情节或具体内容复述出来，再把自己的看法和观点讲出来，然后和孩子一起分析、讨论。长期下来，孩子的阅读兴趣就会变得更加浓厚，阅读水平也将逐步提高。每个班级都能借助这些交流平台，或一起分享自己成功的经验，或一起商讨自己遇到的困惑和难题，让家长更明白家庭阅读的方法，极大地激发了教师、家长和孩子读书的热情。

三、亲子共读，硕果飘香

在亲子共读的过程中，家长也用镜头记录下一个个亲子共读的温馨画面，增进了家长和孩子之间的情感交流，为孩子的成长留下美好的回忆。

亲子共读是我们阅读推广活动的重要内容之一。虽然活动开展的时间不长，但由于家长的竭力配合以及学生的不懈努力，我们的亲子共读活动取得了一定的成效。

1. 每个孩子都积累了一本厚厚的课外阅读笔记

有经典词语的摘抄，有阅读感悟的畅谈，有精妙段落的记录，有家长热切的鼓励……在以后的日子里，如果偶然翻看，就能勾起许多美好的回忆，这也是人生成长中一笔丰厚的精神财富。

2. 每个孩子都阅读了至少一本课外经典书籍

这些书籍或教给学生如何做人，或积淀他们丰富的习作底蕴，或引导他们孝敬长辈，或懂得感恩的重要，或探寻世界的奥秘。

3. 每个孩子都品尝到了阅读的智慧与快乐

孩子认为，阅读是一架梯子，能帮他们登上知识的高峰；阅读是一位朋友，在他们孤寂时能与之倾心交谈；阅读是一位良师，能教会他们很多以前不知道的知识。

4. 相当一部分孩子养成了良好的阅读习惯

据家长反映，很多孩子原来很少读课外书，也很少到书店去。自开展这项活动以来，孩子喜欢上了读书，真正体验到了读书的益处，并能利用闲暇时间进行阅读，周末还喜欢逛书店，而且时常和家长进行阅读方面的交流。

5. 有力地促进了家长与孩子情感的融合

以前，家长很少与孩子就阅读进行沟通，现在因为亲子共读活动，家长和孩子经常为书中的内容在一起探讨，既加深了对文章的理解，又增强了家长与孩子的心灵沟通。目前，课余时间孩子打闹的现象少了，阅读的孩子多了，写作文犯愁的孩子少了，下笔如有神的孩子多了；糊涂的孩子少了，明理的孩子多了；人云亦云的孩子少了，有思想主见的孩子多了……这一切都归功于我们的亲子共读活动。

亲子共读活动的开展，营造了良好的学习氛围，提高了学生读书的兴趣，实现了家长与孩子共同阅读与学习、阅读与生活、阅读与成长的融合。

与书相伴的人生，一定有质量、有生机；书香飘溢的家庭，一定有内涵、有发展。家庭阅读推广活动的开展，将对每个孩子的健康成长产生深远的影响。我们相信，只要家校形成合力，就一定能浓厚读书氛围，变"要我读"为"我要读"，让学生切实感受到阅读是人生中的一大乐事。

"书香润家庭，阅读益人生"阅读活动

📖 **推广方案**（南县实验学校教育集团　张利）

一、活动宗旨

唤起孩子的创造力和想象力，让思维活泼、多元、有弹性。让孩子从小养成阅读的好习惯，把阅读活动从学校引向家庭。通过这一活动，让孩子和家长一起读书交流，增进彼此的情感交流，使更多的孩子与家长能与书为友，多读书、读好书，在陶冶情操、滋润心灵的读书活动中，学会关注自然、关心社会、关爱他人。

二、活动要求

（1）加强对读书活动的引导，把读书活动作为推进班级文化建设、促进家校联系的一项重要举措。

（2）做好宣传工作，鼓励孩子和家长积极参与家庭阅读活动。

（3）教师和家庭委员会认真制订活动计划，做好各项准备与评比工作，保证活动的顺利开展与落实。

（4）班级进一步完善图书角，增加藏书量，向孩子和家长推荐。

（5）借本次阅读活动的契机，督促孩子养成热爱阅读、主动阅读的好习惯。通过开展多种形式的亲子共读，增加亲子之间的亲密关系，营造温馨好学的家庭氛围。

三、活动时间

2018年4月。

四、参与人员

中、高年级学生及家长。

五、具体内容

第一阶段：策划与启动

（1）制订详细的家庭阅读推广方案，明确切实可行的步骤与要求。

（2）给家长发放家长倡议书，征求家长的意见，寻求家长的配合，形成家校读书合力。

（3）通过班级"校比邻"、微信群等平台，对家庭阅读活动的目的和意义进行积极广泛的宣传。倡导家庭阅读的理念，指导家庭阅读的方法，引导家长为孩子营造书香型的家庭氛围。

第二阶段：具体组织实施

（1）设立家庭图书柜，增加家庭藏书量，营造浓厚的家庭阅读氛围。

（2）学校根据中、高年级孩子的特点，推荐适合阅读的课外书书目10本，家长和孩子从中选择自己最感兴趣的3～4本进行阅读。

（3）每个家庭根据具体情况定好每日固定的阅读时段（一般为晚放学后、睡觉之前），亲子共读时长不少于30分钟。家长不在身边的孩子，可以先自读课外书25分钟，再用5分钟左右的时间给监护人讲一讲刚才所阅读的主要内容、感受、疑惑等（也可以和家长视频通话聊聊书本的相关内容）。

（4）建立"校比邻"阅读打卡制度。根据打卡反馈的情况（如时长、阅读内容、家长是否参与等），评选每周"读书之星"，并在班级通报，提高孩子和家长参与阅读的积极性，提升共读的质量，促进孩子阅读兴趣的提高。

（5）每读完一本书后，家长和孩子需要共同完成一份高质量的亲子阅读记录卡，以便教师准确了解家庭阅读动态。

（6）通过"校比邻"平台、阅读记录卡、与家长交流等多种渠道，教师发现家长中亲子共读的榜样，并请这些家长把自己的亲子阅读经验在班级微信群进行心得交流，让更多的家长掌握指导阅读的方法。

（7）在家长中开展"我和孩子共读书"的征文比赛，可以写在亲子共读中发生的有趣的小故事、读完一本书后的感受，也可以写有关开展亲子共读这一活动的体会，等等。

（8）4月末活动接近尾声时，家长和孩子选择一本共读书籍，精心制作一份"我心中的好书"的海报或好书推荐卡。

（9）月末进行"我是表演大咖"亲子汇报表演，可以是一个家庭单独表演，也可以是共读同一本书的家庭携手表演。以家长与孩子合作表演的形式，演一演书中有趣的故事情节，展示家庭阅读的成果。

（10）每个相关活动及时进行小结评选，最后根据各项活动的开展情况评选每个班级的"书香家庭"。

在这一阶段，家长需配合做到以下几点：

（1）读书任务完成后，家长在"校比邻"中负责每天进行阅读打卡，记录阅读时间和孩子的阅读数目。

（2）家长要充分保证每天与孩子共读的30分钟，如有特殊情况不能做到，应及时委托孩子的另一位监护人代替实施，阅读的整个过程不得出现中断。

（3）家长要尽可能满足孩子正当的借书或购书愿望。

（4）把日常对孩子的激励措施与阅读紧密结合起来。

第三阶段：评比表彰阶段

（1）将孩子和家长共同完成的优秀的《亲子阅读记录卡》在班级中展示出来，每班评选出优秀的《亲子阅读记录卡》5份。

（2）每班评选出精美的读书海报、好书推荐卡10份，利用学校的公共场所充分展示出来，彰显每个家庭、每个班级的阅读特色。

（3）评选优秀家长，请优秀家长在家长会上进行发言，谈谈自己怎样在家中创设浓郁的读书氛围、怎样培养孩子形成浓厚的阅读兴趣、怎样有效指导孩子阅读、怎样让孩子养成良好的阅读习惯等，也可以谈谈与孩子一起读书的快乐及自己读儿童读物的感受，还可以讲述亲子阅读过程中发生的故事等。

（4）在"我是表演大咖"亲子汇报表演活动中，根据表演的熟练程度、亲子之间的配合程度等，每班评选"阅读表演达人"2名。

（5）根据"我和孩子共读一本书"征文比赛的开展情况，每班评选出一、二等奖优秀征文各3篇。

（6）根据以上活动综合开展的情况，每班评选出"书香家庭"3个，颁发证书，并给予一定的物质奖励。

阅读的影响力在于点点滴滴、实实在在的积淀，虽然阅读活动月有结束的时候，但家庭阅读不会终止。阅读是一个人、一个家庭终身学习的重要途径。希望通过家庭阅读活动的推广拉近亲子距离，让家长与孩子一起成长。

📖 **活动总结** （南县实验学校教育集团　张梓艺）

高尔基曾经说："书籍是人类进步的阶梯。"好书像长者，谆谆教导；好书似导师，循循善诱；好书如朋友，心心相印。为了让阅读推广辐射到更多的家庭，使更多的家长投身到培养孩子读书兴趣的教育活动中，本学期4月份，学校利用"世界读书日"的契机，在中、高年级开展了"书香润家庭，阅读益人生"的家庭阅读推广活动，历时整整一个月，相继举行了"我和孩子共读书"征文比赛、"好书推荐海报或卡片"制作比赛、"我是表演大咖"阅读表演比赛等一系列丰富有趣的活动，并在全校评选出了多个"书香家庭"。此次活动得到了不少家庭的大力支持，有助于家庭形成浓厚的阅读氛围，引起了良好的社会反响。

一、值得肯定的地方

1. 准备充分，干劲十足

在活动策划阶段，学校组织教师多次开会，广泛听取教师们的建议，确保活动能有效、顺利地进行。在活动开展的过程中，教师积极参与，班主任认真组织，孩子们充分展现能力，让家庭和校园书香弥漫。通过系列活动的开展，大力推进了书香班级、书香校园、书香家庭的建设，彰显了学校"诗意校园"的办学特色。

2. 学校与家庭配合密切

（1）为了本次家庭阅读推广活动能顺利进行，3月伊始，学校就积极向每个班级、每个家庭进行宣传发动。学校给每位家长发放了一份《家庭阅读推广倡议书》，并征求家长的意见，寻求家长的配合，形成家校合力。

（2）根据孩子的年龄特点和认知规律、阅读兴趣，学校向家长推荐了适合孩子阅读的10本书籍。督促家庭完善充实图书柜（图书角）里的书籍，增加家庭藏书量，营造浓厚的家庭阅读氛围，家长和孩子从中选择自己最感兴趣的3～4本进行阅读。

（3）积极开展亲子共读书活动。

① 每个家庭根据具体情况定好每日固定的阅读时段（一般为晚放学后、睡觉之前），亲子共读时长应不少于30分钟。家长不在身边的孩子，可以先自

读课外书25分钟，再用5分钟左右的时间给监护人讲一讲刚才所阅读的主要内容、感受、疑惑等。

② 建立"校比邻"阅读打卡制度。根据打卡反馈的情况（如时长、阅读内容、家长是否参与等），评选每周"读书之星"，并在班级通报，提高孩子和家长参与的积极性，提升共读的质量，促进孩子阅读兴趣的提高。

③ 每读完一本书后，家长和孩子共同完成一份高质量的亲子阅读记录卡，便于教师准确了解家庭阅读动态。

④ 通过"校比邻"平台、阅读记录卡、与家长交流等多种渠道，教师发现家长中亲子共读的榜样，并请这些家长把自己的亲子阅读经验在班级微信群进行心得交流，让更多的家长掌握并指导孩子阅读的方法。

⑤ 在家长中开展"我和孩子共读书"征文比赛，许多家长积极参与，有的写了在亲子共读中发生的有趣的小故事，有的写了读完一本书后的感受，有的写了有关开展亲子共读活动的体会，等等。

⑥ 4月末活动接近尾声时，家长和孩子选择自己所读书籍中的一本，共同制作一份精美的"我心中的好书"海报或好书推荐卡。

⑦ 月末进行"我是表演大咖"亲子汇报表演，有一个家庭单独表演的，也有共读同一本书的几个家庭携手表演的。以家长与孩子合作表演的形式，表演了书中有趣的故事情节，展示了家庭阅读的成果。

以上每个活动环节的实施，家长都全程参与、及时反馈，学校对家长的参与情况进行了全程有效的指导，真正做到了家校合一，共同致力于打造"书香家庭"。

二、活动反思

从本次家庭阅读推广活动反馈的情况来看，各班差距较大，家庭与家庭之间的差距较大，主要表现在以下几个方面。

1. 家长的重视程度存在一定差距

有的家长自始至终非常支持、重视，且按学校制订的实施方案真正付诸行动的；有的家长需要班主任不断督促提醒才勉强配合；也有的家长开始几天做得较好，后面不能坚持，半途而废。

2. 家长和孩子的能力存在一定的差距

在月末的成果展示环节，每个班都有非常惊艳的作品产生，但数目较少。大部分家庭的作品水平一般，也有小部分家庭无法上交作品。尤其是亲子共同表演环节，真正参与的家庭不到一半。像《好书推荐卡》《阅读记录卡》也有部分孩子是自己独立完成的，缺乏家长的指导和参与。

3. 硬件配置不充分

有的家庭藏书数量远远不足，条件差一点的甚至没有学生的读书角，"书香家庭"的读书氛围还不够浓厚。

4. 留守儿童在参与活动的过程中存在明显困难

学校留守儿童数量较多，监护人多为年长的爷爷奶奶。学生通过视频聊天和家长5分钟的"聊书"效果远不如与家长一起共读30分钟的效果好，对于书本中的困惑无法一起探讨，对于"书香家庭"氛围的形成起不到很大的作用。学校开展的一系列活动，家长都不能亲自参与，所以呈现出来的效果不佳。

5. 活动方案在细节方面有待进一步完善

尽管在活动之初，学校尽量制订最周密的活动方案，但在具体的实施阶段，有些问题还是没有考虑周全。比如，如何进一步落实留守儿童的家庭阅读问题；当诸多活动家长无法亲临参与时，如何变换方式由直接参与变为间接参与；对于家里条件困难的学生，学校应当考虑为其资助添置一些书籍。在最后的"书香家庭"评选阶段，评选的方案还不够细化，标准还不够清晰。

三、活动收获

（1）通过家庭阅读推广活动的开展，我们发现孩子与家长之间的沟通越来越多，家长的辅导能力越来越强，亲子共读丰富了家庭文化生活。读书活动让不少家长放下手机、离开电视、远离电脑，和孩子一起走进了书乡。家长每天晚上抽出一定的时间和孩子一起阅读，有利于改善家庭氛围，也丰富了成年人的业余生活和精神世界。

（2）孩子基本养成了每日至少阅读半小时的好习惯，且有家长的陪伴，他们很享受难得的亲子共读时光，渐渐爱上阅读，有助于养成终身阅读的好习惯。与此同时，孩子的阅读量增加了，阅读能力提高了，写作能力也相应提高了。

（3）此次读书活动的开展，有助于学校进一步打造"书香校园"，使学校的阅读文化更加浓厚，凸显了学校"诗意校园"的办学理念。

四、活动感想

　　"书香润家庭，阅读益人生"活动的开展让我们看到了这样的温馨画面：在温和的灯光下，家长与孩子共读共写，和孩子打开同一本书，一起阅读、讨论、学习，做孩子学习的伙伴。有的家长还把读书内容和感受发到班级微信群，让阅读真正走进了孩子的心灵深处。此次活动让书香浸润到了家庭，让育人的空间从学校延伸到了校外，家长与孩子共同分享读书的乐趣，从而很好地发挥了家庭的育人功能。营造"诗意校园"，需要学校教师的引领；营造"书香家庭"，需要家长的大力支持。一个爱书的家庭对孩子的影响力是巨大的，我们希望通过今后的努力，让每个家庭都能建设好孩子的书房，争取让更多的孩子和家长共同享受读书的乐趣，让书香润泽家庭，让孩子爱上阅读！

社区阅读推广板块

"上慈下孝和家美，敬老尊贤永安风"阅读活动

推广方案（南县实验学校教育集团　汤万福）

一、指导思想

"尊敬老人、孝敬长辈"是中华民族的传统美德。在社区内积极倡导健康文明的生活方式，在居民中形成尊老爱幼、上慈下孝的良好风尚，实现家庭和美、邻里和睦、社会和谐的好风气，引导孩子学会感恩，树立良好的家庭美德观念，增强孩子的社会责任感，让社区和家庭成为孩子的精神乐园和第二课堂。现结合我校及永安社区实际制订此方案。

二、活动主题

上慈下孝和家美，敬老尊贤永安风。

三、活动目标

家是最小国，国是千万家。社区就像一根根纽带，将这千万家紧紧相连。每个小家都离不开社区，每个人都居住在社区，社区是最小的整体教育、引导单元。以家庭、家教、家风为起点，树立家国情怀，传承发扬中华传统美德——上慈下孝、敬老尊贤、家庭和美、邻里和睦。

四、活动时间

2018年2—9月。

五、活动地点

永安社区。

六、参与人员

学校行政人员、教师代表、家委代表、社区行政人员和部分学生。

七、活动安排

（一）策划与启动阶段（2月）

（1）学校、社区联合，深入调查访问社区部分家庭情况，了解现状。

（2）学校、社区联合开展"上慈下孝和家美，敬老尊贤永安风"的阅读推广实施方案。

（3）创立"书香文明"社区微信群。

（二）全面实施阶段（3—9月）

3月：以妇女节为契机，开展感恩母亲的活动。

（1）观看一场歌颂母亲的电影。

（2）开展一次有内涵的歌颂妇女的讲座。

（3）开展以"母亲，您辛苦啦"为主题的讲故事活动。

（4）为母亲、女性长辈做一件力所能及的事。

（5）推荐孩子看有关歌颂母亲、歌颂女性的书籍，并写学习笔记，评选出最佳读书笔记"博学"奖。

（6）开展感恩母亲征文活动。

（7）为此次活动评选"最美家庭""最美人物""孝心少年"。

7月：以建军节为契机，开展缅怀烈士、爱国主义的教育活动。

（1）开展一次让老革命讲自己故事的活动。

（2）文化探寻，了解建军的讲座。

（3）观看一部有关革命先烈的影片。

（4）推荐孩子看有关革命历史人物的传记，并写读书笔记，评选出最佳读书笔记"博学"奖。

（5）以社区为单位，到厂窖祭奠革命烈士。

（6）开展缅怀烈士、爱国主义的征文活动。

（7）为此次活动评选"最勇敢的人""爱国小大人"。

9月：以重阳节为契机，开展尊敬老人的活动。

（1）开展摄影展、书法展并评奖。

（2）开展"敬老尊贤"歌唱、戏剧表演活动。

（3）文化探寻，了解重阳的演讲。

（4）推荐孩子看有关敬老尊贤的传统古典文学、民族文化、历史典故、神话寓言等经典书籍，并做读书笔记，评选出最佳读书笔记"博学"奖。

（5）为老人读书、讲故事，做力所能及的事。

（6）为此次活动评选"最美家庭""最美人物""孝心少年"。

（7）总结汇报本年的工作开展情况。

八、其他事项

（1）学校行政人员负责相关联络事宜、场地布置、经费预算、采购等。

（2）教师负责活动的策划与宣传，家长和学生做好每次活动的参与。

📖 活动总结（南县实验学校教育集团　肖红霞）

"读书为明理，明理为修身，修身即为做人。"作为实小人，我们一直秉承"读进步的书，做最好的我"这一校训，在阅读的道路上探索、实践、再探索、再实践。

当校内阅读还在如火如荼地进行时，一部分教师开始悄悄策划让校内阅读走向校外、走向社区，让更多的人爱上阅读，享受阅读带来的快乐。自2017年开展"上慈下孝和家美，敬老尊贤永安风"阅读教育社区推广活动以来，一时好评如潮，孩子在体验中切实体会到了阅读带来的快乐，从而爱上了阅读、爱上了写作。社区居民也在一次次的活动中，感受到了孩子的热情大方、文明有礼。

2017年2月，我校行政组和部分教师联合社区居委会到部分家庭进行了调查，发现在永安社区有二十几位残疾人，还有几位孤寡老人。为了让这些特殊人群的业余生活充实起来，为了让尊老敬老的行动落到实处，我们确立了"上慈下孝和家美，敬老尊贤永安风"的主题阅读活动。

2017年3月，随着妇女节的到来，我们开展了一系列感恩母亲的活动。曹婕妤老师组织开展了"母亲，您辛苦啦"主题讲座，并组织部分孩子现场对着自己的母亲讲故事，一时感动了在场的许多人，并泪洒现场。本次活动还评选出"最美家庭""最美人物""孝心少年"；根据孩子和家长的读书笔记，评选最佳读书笔记"博学"奖；对于优秀的征文也予以了表彰，并在现场颁奖、分发纪念品。在最后的观影活动中，绝大部分孩子甚至家长都心有感触，他们主动给长辈捶背、洗衣、洗脚。最好的教育就是这样，"随风潜入夜，润物细无声"。

2017年7月，以建军节为契机，我们开展了缅怀烈士、爱国主义的教育活动。我们安排社区中有影响力的老革命上台说自己的故事，让学生有所启迪与思考。在"厂窖惨案"纪念馆，我们认真倾听老革命诉说当年的峥嵘故事，回想当年激情燃烧的岁月。孩子的爱国激情被点燃，纷纷记录下自己的感受，在心底深处种下了一颗爱国的种子。

2017年9月，以重阳节为契机，我们开展尊敬老人的活动。我们组织孩子走进社区，欣赏了老人的书法、山水画和花鼓戏表演等。源于对老人的无比敬佩，孩子们也纷纷送上自己的祝福和作品。孩子精彩的故事讲解、出色的合唱与话剧表演赢得了阵阵掌声，老人们脸上洋溢着笑容，孩子的心里也乐开了花。

每次活动之前，我们都会推荐孩子、家长和社区居民读一些书，并将文化馆捐赠相应的书籍充实到社区，让社区图书室成为大家阅读的第二阵地。通过设置读书笔记评奖活动，更好地促进了大家阅读。通过系列活动的开展，社区浓郁的书香气息得以营造，精神生活更加充实了，生活品质更加提高了。通过社区推广，帮助孩子树立终身学习、处处是学习家园的意识。

社区推广活动的开展是所有参与者心与心的沟通，也是我们继续开展校外阅读实践的动力与源泉。

将我们在永安社区开展阅读活动的照片分享如下：

学校联合文化馆，给社区图书室捐赠图书

在厂窖纪念馆开展"红星闪闪耀童心"
缅怀烈士的爱国主义教育活动

我们刚布置好老人书画展厅，有的老人
已经迫不及待地赶来看了

社区新书推荐展板

"点亮心灯，喜乐阅读"亲子阅读活动

推广方案（南县实验学校教育集团　刘亚军）

一、指导思想

习总书记在党的十九大报告中强调："文化是一个国家、一个民族的灵魂。文化兴则国运兴，文化强则民族强。没有高度的文化自信，没有文化的繁荣兴盛，就没有中华民族的伟大复兴。"阅读是树立文化自信的有效途径。多年来，我校一直秉承"涵养阅读文化，彰显诗意教育"的办学宗旨，积极倡导经典阅读和有价值的阅读，传承和发扬中华优秀传统文化，并将这一宗旨以亲子阅读的方式辐射引领到社区。我们以亲子活动为载体进行阅读活动推广，希望通过家长对孩子的陪伴，定期参加一些有益于孩子成长的活动，促进孩子与家长的交流，让学生结识更多的好朋友，并让这种和谐氛围传播和影响更多的家庭，让更多家庭、孩子喜爱阅读，提升全民文化素养。

二、现状分析与策略

经调查，社区亲子阅读的现状不容乐观。一部分家长根本没有阅读意识，一味地抱怨孩子不爱看书，只爱玩游戏、看电视。家长一方面担心孩子沉迷游戏影响学习和身心健康，另一方面担心电视会损伤孩子的视力，却从来没有想过自己陪孩子一起看书，不懂身教重于言教。要让孩子远离游戏、电视，爱上阅读，家长要身先示范，不管是读书还是看报，要在家里营造出浓郁的读书氛围。还有一部分家长，虽然意识到了阅读的重要性，却有心无力，无法给予孩子阅读方法的指导。孩子要么在翻看图片，要么仅停留在文字表面，没有自己的体会和感悟，没有读书收获。

"兴趣是最好的老师。"针对以上现状，我们决定先从培养阅读兴趣入手，以多种喜闻乐见的形式激发家长、孩子对阅读的喜爱，感受阅读的趣味。阅读习惯一旦养成，就如同呼吸一样自然。那样，我们便是为生命成长阅读、为和谐家庭阅读、为文化自信阅读。

三、活动主题

点亮心灯，喜乐阅读。

四、具体安排

表1　阅读活动安排表

时间	内容	表演形式	地点
2018年1月	"喜迎新春"民俗活动	写春联、贴春联、剪纸	东堤尾社区
2018年4月	"爱上阅读，我们在一起"世界读书日活动	亲子"喜乐阅读"	永安社区
2018年9月	"爱你祖国"朗唱会	朗诵、唱歌	东堤尾社区
2018年10月	"九九重阳，尊老敬老"	古诗吟诵	永安社区

五、参与人员

学校行政人员、教师代表、家委代表和部分学生。

六、其他事项

（1）社区阅读推广每季度进行一次，具体进行时间视天气而定。

（2）学校行政负责相关联络事宜，家委代表负责经费预算、采购、场地的准备和调度。

（3）教师负责活动的策划与宣传，家长和孩子做好每次的活动参与。

📖 **活动总结**（南县实验学校教育集团　曾金凤）

是的，我们的改变从亲子阅读社区推广开始。

2018年是南县实验学校教育集团集团化办学的最重要一年。这一年，第一所分校——安庄小学已步入正轨，第二所分校——八方小学也于8月正式完成相关交接，以崭新的面貌迎接师生及所有关注学校集团化办学的人们。"读进步的书，做最好的我！"每一位实小人都在为涵养阅读文化、彰显诗意教育而不懈努力。这一年，我校把阅读由校内向校外延伸，在亲子阅读社区推广方面进行了积极的探索。1月28日，在东堤尾社区，我们开展写春联、贴春联、剪纸等"喜迎新春"民俗活动，在中华传统节日——春节为社区居民送去了温暖和祝愿；4月22日，在永安社区，我们开展"爱上阅读，我们在一起"世界读书日活动，一段段精彩的情景剧表演吸引了大家的眼球，无论是课本剧表演还是童话剧的另类创编，都是亲子"喜乐阅读"的特殊呈现；9月30日，在东堤尾社区，以"爱你祖国"为主题的朗唱会（朗诵和唱歌）博得阵阵喝彩声，彰显爱国主义教育；10月14日，我们再次走进永安社区，一场以弘扬中华民族传统美德为宣传背景的"九九重阳，尊老敬老"古诗吟诵活动精彩纷呈，掌声迭起。

"最是书香能致远！"社区作为家庭的载体，在现代社会已承载起日益重要的社会教育责任。社区良好健康地发展，直接影响到整个社区的青少年的健康发展。

我们所理解的"点亮心灯，喜乐阅读"应当是这样的一种状态：学生爱阅读，家长信阅读，教师要阅读。人们常说："爱阅读的学生不会变坏。"事实上，爱上阅读的学生还能感染更多的学生。渐渐地，他们能分享、谈论图书，将阅读变成生活中的一件乐事。对于阅读，一张张美丽的照片，一次次精彩的分享，学生一回家就捧书阅读的既定事实，给予家长更多的信心。于是，家长努力营造良好的阅读氛围，书柜里的书更多了，家庭参与读书的人更多了。在家长的陪伴下，孩子健康快乐地成长成为家庭的一件幸事。于教师而言，我们的阅读量增加了，由期初单纯认为阅读是一件很重要的事情，到后来一边阅读，一边进行实践，使个人阅读观得以重塑，自身的教学专业素养得以进一步提升。

《喂故事书长大的孩子》中有一句话："光叫孩子念书，不如拿起书来念给孩子听。"我相信，这句话对很多人来说都是一种警示。我想，只有家长树立正确的阅读观念，提供合适的图书，孩子才能自主走上阅读之路，这也是我们选择亲子阅读社区推广的意义所在。

我的同事杨淑是南县"老约翰"绘本馆里的一员。闲聊之余，她这样告诉我："跳开教师的角色，作为妈妈在绘本馆带自己的孩子阅读时，我认识了很多孩子和他们的爸爸妈妈。有的家长很有心，但方法不对；有的孩子不认字，却很爱翻书听故事；有的孩子能认字，却没有多少阅读能力；有的家长以为字多的书才好，完全不知道绘本更适合阅读启蒙，不知道除了经典文学还有众多种类的儿童图书等，这些都是现代家庭教育的现状。"

4月23日，世界读书日。读书日的前一天正值周末，我们走进南县永安社区，组织开展了主题为"爱上阅读，我们在一起"的亲子阅读活动。下面的案例实录就来自此次社区阅读推广。

好书推荐《猜猜我有多爱你》

孩子：妈妈！

家长：欸（答应一声）。

孩子：你给我买的这本书我又看完了哦！

家长：宝贝，你真棒！这本书好看吗？能跟妈妈介绍介绍这本书吗？

孩子：好看极了！我来给您讲讲，不过您可要听仔细了哦！这本书的名字叫《猜猜我有多爱你》（可稍加动作：爱心），是由英国著名作家山姆·麦克布雷尼写的一本带有深厚母爱的童话书。第一眼看到这本传说中风靡世界的图画书时，它并没有让我喜欢。说真的，我还多少有一点失望——它实在是太不漂亮了，封面是旧旧的颜色，两只兔子画得一点也不可爱。然而读到一半时，我想我这一辈子再也不会忘记这个故事了。原来爱还可以这样告白！故事讲的是一只小兔子和它的妈妈比自己对对方爱的故事。在故事中，小兔子用自己身体上的部位或动作来比喻自己对妈妈的爱。可是无论怎样，它都比不过兔妈妈，因为父母的爱永远比孩子的爱更深、更广、更远！

家长：那你能跟妈妈描述一下里面的情节吗？

孩子：好啊！（两人表演一个书中的小情节：学生踮起脚尖，举起左手伸向天空的方向，边做动作边说："妈妈我有多爱你，我就把手臂伸得有多长。"妈妈的表演相同。先孩子，然后再妈妈）

家长：宝贝，那你觉得你像故事中的哪个人物呢？

孩子：我……我就像那只小栗色兔子，很爱我的亲人，而他们却给了我更多无私的爱。爷爷奶奶总是对我笑眯眯的，还会教我许多事情；爸爸很忙，但只要有空就会陪着我画画，陪着我玩；妈妈您自然更不用说了，您是最爱我、最了解我的人！

家长：孩子，那你准备为我们做些什么呢？

孩子：在你们下班时，说一句"您辛苦了"；在你们休息时，端上一杯热茶，送上一个微笑，来一个拥抱。小朋友们，不要吝啬我们的爱，让我们像小兔子一样勇敢，大声说"我爱你们"。

家长：宝贝，你只爱我们吗？

孩子：我知道，我知道。我还爱我的老师和同学们，他们也给了我很多的爱。刚来这个学校上学时，我像只胆小的兔子，上课不敢举手回答问题，下课不敢和别的同学玩耍。后来，经过一段时间的适应，我变得活泼了，同学们也愿意和我玩耍了。老师不仅教我知识，还时刻关爱着我，给我锻炼的机会，让我敢于在大家面前表现自己，变得越来越勇敢、自信。同学们的友爱，使班级成为我另一个温暖的家……

互动环节

孩子：家长们，在家里你们的孩子是怎样向你们表达爱的呢？

家长：比如平时生活中的小细节：孩子回家或上学都会向我告知一声，平时也乐于说"妈妈，我爱你"，生日会送上亲自做的贺卡……（2名）

孩子：《猜猜我有多爱你》教我学会爱、懂得爱，爱无时无刻不在我们身边，让我们一起做一个懂爱的人！同学们，让我们一起爱上阅读。学会爱吧！

合（孩子家长合唱，孩子手语）：歌曲《让世界充满爱》

"阅读氛围真的很重要，家里也有不少书，孩子却鲜有兴趣，像这样很多人在一起，家长、孩子的心情都非常轻松、愉悦，大家的阅读兴致都很高。"在阅读推广活动中，我们经常听到类似的声音。阅读推广，真正推广的对象不是孩子，而是教师和家长。教师和家长重视了，有方法了，孩子的阅读才会走在正确的路上。

诚然，推广社区阅读是一件难事，却也是一件十分有意义的事情。"路漫漫其修远兮，吾将上下而求索。"我们将继续认真思考，继续坚持阅读，继续用心推广阅读，点亮阅读心灯，让喜乐阅读温暖每一个人。

2018年4月22日，在永安社区，我们开展"爱上阅读，
我们在一起"世界读书日活动

2018年10月14日，我们再次走进永安社区，以弘扬中华民族传
统美德为宣传背景的"九九重阳——尊老敬老"
古诗吟诵活动精彩纷呈，掌声迭起

"小漂流，大梦想"阅读活动

推广方案（南县实验学校教育集团　张文晋）

一、指导思想

高尔基说："书籍是人类进步的阶梯。"对于每个人来说，书籍更是我们生命的云梯，让我们的梦想青云直上。阅读让人生在有限的长度内宽广辽远，我们的生命将随着它的延伸得到快乐和辉煌。我们确信，阅读能改变人生。阅读不能改变人生的长度，但它可以改变人生的宽度和深度；阅读不能改变人生的物相，但它可以改变人生的气象。阅读让阅读者身在陋室而志存高远，让人们地处僻壤而知闻远近。本次活动，我们将高举中国特色社会主义伟大旗帜，以习近平重要思想为指导，深入贯彻落实科学发展观，践行社会主义核心价值观，着力弘扬中华文化，以形式多样的全民阅读活动，营造读书氛围，养成阅读习惯，提升文化素养。

二、活动主题

小漂流，大梦想。

三、活动目标

社区作为居民聚集的场所，人们在社区中的联系往往十分紧密，为需要互动和参与的阅读推广活动，尤其是以老年人和学龄前儿童为对象进行的阅读推广活动提供了有利的条件。本次"小漂流，大梦想"阅读活动，通过本校学生与教师的系列"漂流寻梦活动"引领社区参与、全民阅读，形成与书为伴、与书为友的良好读书风尚，实现"读书使人明智，读书使人聪慧，读书使人高尚，读书使人文明"的目标，为社区营造出浓浓的读书氛围，让社区居民养成良好的阅读习惯，提升文化素养，打造学习型社区。

四、活动时间

2018年5月。

五、活动地点

南县南洲镇东堤尾社区。

六、活动内容

1. 漂流环境的营造

在东堤尾社区活动中心悬挂横幅，墙报栏设计布置一个名为"小漂流，大梦想"专栏，里面张贴读书宣言，张贴推荐阅读书籍目录，体现浓浓的书香氛围。

2. 创建"读书吧"

各班级代表送上自己班级精选的图书，创建社区图书吧，全天对社区读者开放。为社区读者在县图书馆办理借书证，便于借阅图书。

3. 漂流书香传递

师生共同诵读美文，传递书香。

4. 组织开展寻梦活动

（1）"寻找最美书房"图文征集活动。在社区征集反映自家书房的各类照片，可以是书房，也可以是书桌、书柜甚至是书床，凡是能体现家庭内读书人个性的读书空间照片皆可，并附简单文字说明（包括拍摄时间及地点、照片中的场景或人物说明，限100字以内，注明应征人姓名）。

（2）"金牌阅读推广人"评选。凡在本社区从事公益阅读推广6个月以上，具有一定阅读推广经验的人士均可以申报"金牌阅读推广人"。

活动总结（南县实验学校教育集团　雍艳辉）

一寸光阴一寸金，读书不觉已春深。党的十八大报告在"扎实推进社会主义文化强国建设"中明确表示，要着力开展全民阅读活动。全民阅读工作对于提升国民文化素质，构建我国现代公共文化服务体系，建设社会主义文化强国，实现中华民族伟大复兴的中国梦具有重要战略意义。学校以习近平重要思想为指导，深入贯彻落实科学发展观，积极引导全校师生和社区居民开展"小漂流，大梦想"社区全民阅读活动，极大地提高了广大师生及社区居民的阅读兴趣，拓展了知识，开阔了视野，提高了品位。

一、基本情况

"小漂流，大梦想"阅读活动组织健全、逐层深入、落实到位，形成"领导统筹、教师推动、年级承办、社区参与、资源整合、上下联动、全面推进"的全民阅读活动体系，辅之以形式多样、内容丰富的读书活动，寓教于乐，极大地提高了社区群众的阅读兴趣与阅读的积极性。

二、主要做法及特点

（一）广泛宣传，营造读书学习的良好氛围

我们坚信："阅读能消除距离，阅读将改变人生。"2018年5月23日，南县实验学校教育集团四、五年级的孩子在教师的带领下来到了东堤尾社区。他们怀揣一个大大的梦想，想像漂流瓶一样，用自己的言行共享书香、传递梦想。他们在东堤尾社区活动中心悬挂横幅，在墙报栏中设计布置了一个精美的名为"小漂流，大梦想"专栏，里面张贴数条读书宣言：

"请在这一天，把你的好书介绍给大家，让好书与大家共享；请在这一天，走进书店，买一本自己喜爱的书，开始阅读；请在这一天，和朋友互赠一本最喜爱的书，传递美好的感受；请在这一天，关闭电视，和家人一起捧起书，在温馨安静的环境里共享阅读的快乐。"

同时张贴了数条推荐阅读书籍目录，体现浓浓的书香氛围。甚至在社区商铺的遮阳伞上、座椅上、公园的休息条凳上，张贴上"今天，你阅读了吗"等醒目的标语。标语设计精巧，学校吉祥物聪聪格外可爱。这些师生的奇思妙想，多方面引导社区居民积极投身到阅读活动中。

（二）活动主题鲜明，内容丰富，形式多样，精彩纷呈，群众欢迎

1. 读书漂流，共享快乐，创建"图书吧"

首先是图书征集活动。针对居民的读书兴趣，我们组织学生送上有关道德、法律、社科、科普、养生保健、艺术、革命历史等各类书籍。教师再进行挑选，共计100本。我们创建了首个社区"图书吧"，全天对社区读者开放。书柜上摆满了花花绿绿的书籍，让人感觉书卷气弥漫，书香气浓厚。许多老

人、孩子看着忍不住去翻一翻。接下来，图书漂流开始了。我们用"图书吧"的书和别的年级进行交换。每半月交换一次，保证书籍的鲜活来源。有的居民自己阅读，有的居民带着孩子一起阅读。"图书吧"热闹起来，有了生气，每个阅读的面孔上表情都那么鲜活。有的老人在交流读书漂流的感受时说："交换书籍是我最高兴的时候，又有新书读了。""每当我看完的时候，都盼着交换的日子。""每拿到新书籍，我都会迫不及待地想把它一口气读完。"此刻，看着居民们手捧书籍的喜悦，我在心里说："居民们，做个爱读书的人吧。"读书漂流活动拉开了社区读书的序幕。

2. 自主借阅

为了防止图书的丢失，我们把100本图书进行了图书登记编号。

表1　图书登记表

书名	姓名	书号

图书账目一目了然，便于管理。

表2　借书表

书名	书号	借书时间	还书时间

填写借书卡的目的，一是可以了解居民借阅情况，二是起到监督作用，三是鼓励居民多读书。只要认真看完，就可以借下一本。借书卡由图书管理员负责整理。

表3　读书漂流阅读表

书名	
读书形式	
主要内容	
我喜欢的词语	
我喜欢的句子	
我的感想	

3. 办理借书证

当社区"图书吧"不能满足社区居民的阅读需求时，便于向更大的图书馆借阅图书。这一举措既方便了群众，又为创建"书香社会"奠定了更坚实的基础。

4. 共享悦读

当一切都水到渠成之际，我们的孩子和教师一个个走进社区"图书吧"，轮流为居民们诵读自己的习作美文。大家坐在一起，分享读书的乐趣。每个人依次将自己喜欢的书介绍给大家，并给大家讲解书的主要内容和自己喜欢的原因。对一些自己特别喜欢的章节或者段落，动情地朗读给在座的每一个人听。读的人读得很有感染力，听的人也听得很入神。遇到大家产生共鸣的地方，各位书友们还情不自禁地讨论起来，从书本谈论到实际，从篇章里谈论到生活里，大家分享着各自读书的乐趣。当社区居民看到孩子分年级、分班级编成的一本本毫不逊色于出版社出版的作文集时，个个啧啧惊叹。我们的活动让居民从那泛着清香的书页中走向一个陌生而又新鲜的世界。此时不管是树荫之外喧嚣着浮躁的热浪，还是窗外肆虐着凛冽的寒风，只要和书在一起，人们就会在热浪之中营造一片清凉，在严寒之中烘托出一份温暖。此次活动的开展，不少居民都用他们的实际行动展现了他们读书的风采，渲染了社区的文化氛围，从而为进一步提高居民文化修养、营造品质社区打下坚实的基础。

（三）树立榜样，鼓励带动全民参与阅读

自活动开展以来，涌现出了一批崇尚读书的阅读爱好者，有老人也有孩子。于是教师们再发奇想，开展寻梦活动，对"金牌阅读推广人"、优秀读者予以表彰奖励。就这样，大家与书为友，伴着书香、花香，沐浴着温暖的阳光，自信健康地学习、生活和成长。

最是书香能致远，读书之趣乐无穷。"小漂流，大梦想"的活动让我们坚信：与书相伴、书香飘溢的社区，一定会有内涵、有发展。我们会继续把读书活动进行下去，盛开出更艳丽芬芳的花朵，结出更大、更香甜的硕果。让我们一起共享快乐阅读，同绘中国梦想！

第二篇 阅读推广

"与书香做伴，与文明同行"阅读活动

推广方案（南县实验学校教育集团　程文丽）

　　多年来，我校秉承"涵养阅读文化，彰显诗意教育"的办学理念，将阅读工作开展得如火如荼，取得了较大的成效，师生均养成了良好的阅读习惯，成为全省有名的书香校园。为了将阅读氛围辐射到东堤尾社区，引领社区阅读工作，我校经过两年的努力，开展了社区"亲子共读""社区书籍漂流"等一系列主题活动。为了进一步倡导全民阅读，推动社区阅读工作，把东堤尾社区建设成书香社区，提高整个社区居民的文化素养，结合4月23日"世界读书日"，特开展"与书香做伴，与文明同行"创建社区阅读沙龙活动，使社区阅读工作向纵深发展，让更多居民感受到阅读带来的快乐与幸福。

一、活动目标

　　（1）以阅读沙龙为形式，以活动为载体，组织社区居民阅读，为社区爱好阅读的居民提供交流展示的平台，推动社区阅读工作纵深发展。

　　（2）让读书成为居民的生活方式，在阅读中提升修养、拓展人生、娱悦身心、静享幸福，在全社区形成多读书、读好书的良好氛围和社会风尚。

二、活动口号

与书香做伴，与文明同行。

在读书中体验快乐，在交流中提升自我。

三、活动形式

讲座、交流展示、诵读会、茶话分享会等。

四、实施步骤

1. 启动阶段（3月）

（1）成立阅读活动领导小组，由社区区委会下发《"与书香做伴，与文明同行"创建社区阅读沙龙的活动方案》，让每个居民明确阅读在一个人成长中的重要意义，了解活动的大致要求，动员全体居民积极参与活动，为活动的开展做一定的准备。

（2）制作社区居民阅读现状问卷调查表，了解社区居民的阅读现状，根据调查情况成立阅读沙龙。每个沙龙派4名教师负责相关事宜。

2. 实施阶段（4月至11月底）

（1）根据居民的不同需求，负责教师向每个阅读沙龙推荐合适的阅读书目，协助社区相关负责人为读书活动选取必备的书籍（纸质书或电子书），注重培养社区读书带头人。社区组织要为各读书沙龙开展活动提供场地，搞好配套服务，引导读书沙龙的阅读活动健康持续地发展。

（2）结合4月23日"世界读书日"，组织读书沙龙开展形式多样的阅读活动。

① 开展好书推荐活动。通过社区网站、宣传栏、板报等形式，以中华传统经典、名著名篇、家庭实用百科、家庭教育为主要内容，精选一批优秀的书籍，向社区居民进行推介。

② 开展"共建书香社区"捐书活动，号召、倡议社区居民"捐出一本书，传递一份爱""赠书献爱心"。

③ 开展社区图书室、学校图书室开放日活动，要求社区图书室、学校图书室面向全体居民开放，倡导全民阅读的良好风气。

（3）各阅读沙龙的负责人要做好阅读跟踪记录，督促落实阅读工作，通过微信平台、"校比邻"等进行阅读打卡、交流。

为了更好地落实每个阅读沙龙的活动，要求学校派出阅读推广人制定具体的活动时间安排表，全程参与每个沙龙的交流活动。

（4）结合4月23日"世界读书日"，组织每个读书沙龙开展形式多样的阅读展示活动，如讲座、交流展示、诵读会、茶话分享会等。

3. 成果展示与总结阶段（12月）

（1）评选"书香家庭"（每个阅读沙龙8个家庭）。

（2）评选"优秀读书人"（每个阅读沙龙8名）。

（3）评选优秀读书沙龙2个（要求阅读沙龙有具体的阅读计划、能按照计划开展活动、有活动的照片、有成果展示等）。

（4）各阅读沙龙汇报演出。以社区为单位，组织一次阅读沙龙读书成果汇报演出活动。各阅读沙龙根据自己阅读的内容、特点，准备2～3个节目，可以是话剧表演、诗歌朗诵、讲故事等。

📖 **活动总结**（南县实验学校教育集团　江丽云）

"最是书香能致远，腹有诗书气自华。"多年来，我校秉承"涵养阅读文化，彰显诗意教育"的办学理念，将阅读工作开展得如火如荼。校训"读进步的书，做最好的我"引导着我们实小人在诗意的阅读中前行，整个校园弥漫着浓浓的书香。作为实小师生，我们静享着阅读的快乐与幸福，也在思考着如何引领所在社区居民的阅读。于是，我们走上了街头，走进了社区，走遍了每一户居民家中，开始了推进社区阅读之旅。2016年，我们举办了"社区亲子阅读"主题活动；2017年，我们策划了"社区书籍漂流"主题活动；2018年，结合"世界读书日"，我们策划并组织了"与书香做伴，与文明同行——创建社区读书沙龙，推进社区阅读"主题活动。本次活动历时近一年，将社区阅读工作向纵深发展，极大地丰富了东堤尾社区居民文化生活，营造出社区居民浓浓的阅读氛围，增强了他们阅读的积极性，为社区居民提供了一个倡导学习、增进交流、促进友谊的平台。社区居民在读书活动中增长知识、广交益友、陶冶情操，浓浓的书香滋润着他们的心灵，愉悦的交流让整个社区变得和谐而幸福。

一、大力宣传，翔实的问卷调查了解居民的阅读需求

为了将本次阅读推广活动落到实处，了解东堤尾社区居民的阅读现状与阅读需求，我校阅读推广活动小组成员纷纷走进社区、走上街头、来到社区居民家中，发放了500份《社区居民阅读现状问卷调查表》，共收回480份。根据统计我们发现，不同年龄段、不同学历的人，家庭藏书、阅读需求、阅读时间存在着较大的差异。总的来说，大致有以下三种：年龄在30岁以下的居民，喜欢看网络小说；年龄在30～40岁的居民，最需要阅读的是有关家庭教育方面的书籍；年龄在40～60岁的居民，希望阅读有关健康养生方面的书籍。不同文化、不同职业的居民，阅读情况也存在较大差异。翔实的问卷调查让我们了解

了社区阅读现状，为活动的顺利开展提供了有力的保障。

二、阅读沙龙的成立，为广大居民提供了阅读交流的平台

怎样才能满足居民的不同需求，真正落实社区全民阅读这一目标呢？我们根据问卷调查，结合每个居民的具体需求，在社区成立了5个阅读沙龙。分别是"翰墨书香"书法沙龙、"似水流年"健康养生沙龙、"永远陪伴"家庭教育沙龙、"墨海书会"经典阅读沙龙、"你吟我诵"传统文化沙龙。每个阅读沙龙由4名教师负责相关事宜，他们成立微信群、QQ群，制定阅读章程，推荐和提供阅读书籍，负责群里成员的阅读打卡，确定和组织沙龙每月一次的集体交流等。

三、主题活动的开展激发居民的阅读兴趣，形成浓浓的阅读氛围

1. 开展好书推荐活动，激发了居民的阅读兴趣，有效落实了居民的阅读内容

"人人推荐一本好书"是每个沙龙开展的一个主题活动。阅读推广人根据沙龙成员的需求，通过社区网站、宣传栏、板报、微信群、朋友圈等形式，以中华传统经典、名著名篇、家庭实用百科、家庭教育为主要内容精选一批优秀书籍，向阅读沙龙成员推荐。沙龙成员阅读后，再将自己认为最好的书推荐给他人，比一比谁推荐的书最受欢迎。活动中，我们欣喜地看到这样的情景：微信群里，个个在谈论哪本书值得阅读；居民小区中，见面问候语是"你读的哪本书"……居民阅读蔚然成风。

"墨海书会"沙龙推荐阅读了《围城》《活着》《李自成》《平凡的世界》《白鹿原》《蛙》等经典作品，还就《围城》《蛙》《白鹿原》三部作品进行了共读交流。读者程刚交流《围城》的阅读感受时说："读《围城》让我对生活、对婚姻有了新的认识。生活本身就是一座围城，婚姻与事业、学习与娱乐、成功与失败，都是这座七彩城中的一种元素。当一个人因为努力和乐观而变得美好，当城中的色彩都均匀和谐时，这座围城就是幸福的乐园。"

"永远陪伴"沙龙推荐的是《傅雷家书》《曾国藩家书》《教育漫话》《儿童的人格教育》《家庭教育》等书籍。居民胡学军说："我读了《家庭教育》这本书后，最深的感触就是要把握好爱孩子与管孩子之间的度。我们往往

就是没有把握好这个度，才导致教育失败。""要给孩子做出榜样，因为孩子是父母的镜子。"沙龙成员谭桂华在读完《傅雷家书》后深有感触。

负责"你吟我诵"沙龙的曹婕好老师欣喜地说："我们沙龙成员的阅读积极性之高出乎我的意料，他们推荐吟诵的好多诗歌我都没有读过。作为阅读推广人，我只能抓紧时间阅读，以免'露馅儿'。"肖红霞老师是"翰墨书香"沙龙的负责人，她说："以前，我真不知道社区有这么多的书法、绘画爱好者，沙龙的成员越来越多，他们的阅读推荐让我受益匪浅。沙龙的每一次活动，都能给我带来惊喜。"阅读沙龙的每一次集体交流都会涌现不少感人的故事。

2."共建书香社区"捐书活动的开展，让更多居民阅读有了保障

本次阅读活动中，我们组织社区居民开展"捐出一本书，传递一份爱"活动。如"似水流年"沙龙收到了来自居民捐赠的近100本健康养生类杂志、书籍；"翰墨书香"沙龙收到了书法、绘画爱好者捐赠的20多本名家字帖；"墨海书会"沙龙则给自己的沙龙增添了近100本经典名著，这些书籍较好地满足了沙龙成员的阅读需求。社区还开展了"赠书献爱心"捐赠助读活动，重点针对社区的20多个贫困家庭、50多名进城务工人员及子女捐赠书籍400多册。收到30册赠书的居民贺建军说："收到这些书，我们太高兴了！以前孩子总反映家中书太少，没有书读，这下可好了。"捐赠活动的开展为他们的阅读提供了有力的保障。

3.社区图书室、学校图书室假期开放日活动，为居民提供了阅读场所

近一年的活动期间，社区图书室、学校图书室在节假日面向全体居民全天开放，为社区居民提供阅读场所。开放日里，我们经常能看到这样的画面：有的爸爸妈妈带着孩子，坐在一起安静地阅读；有的爷爷奶奶手捧图书，潜心阅读……最让我们感动的是，社区居民吴启明家经常祖孙三代前来学校图书室读书。爷爷吴启明说："学校假期开放图书室，能让更多的社区居民远离麻将室，让更多的孩子远离手机、电视，投身到阅读中来，是一件大好事。"

四、阅读沙龙展示活动内容丰富多彩，成效显著

本次阅读主题活动中，每个阅读沙龙都开展了形式多样、丰富多彩的展示活动。活动中，我们收到了经典阅读征文40余篇、家书50余封、书法作品20幅，举办了5场诗歌朗诵会，"我是优秀讲书人""我是养生达人"演讲赛各1场，邀请家庭教育专家进行讲座2次，聘请专家就中老年养生保健进行讲

座2次。"书香家庭"评比活动中，评选出了蔡仪、李丽、礁俐等40个"书香家庭"，评选出方艳、王彦芳、张杰等社区阅读积极分子40人。12月30日，我们组织全社区的阅读沙龙进行一次集体展演，展演内容有诗歌吟诵、话剧表演、亲子共演童话剧、演讲等，充分展示了每个阅读沙龙的阅读成果，社会反响良好。

开展阅读沙龙活动后，我们经常能看到：学校门口来接送孩子的家长，手捧一本书静静地阅读，等待孩子放学；手牵孩子的年轻家长，正与孩子共同吟诵古诗词；三五成群的家长，聚在一起探讨家庭教育的途径，分享阅读的收获；居民小区里，散步的大爷大妈们热火朝天地讨论着健身养生之道；三三两两的年轻人交流阅读经典名著的独特感悟；更有那些爱好传统文化的居民，在小区休闲室或吟诗、或作画、或唱曲……社区形成了浓厚的阅读氛围，居民间相处融洽，言行举止文明。

"路漫漫其修远兮，吾将上下而求索。"本次活动虽已圆满结束，但每个阅读沙龙的活动仍在进行，实小人推进阅读工作的脚步仍在前行。

学校阅读推广板块

南县实验小学2013—2014年度阅读活动

📖 **推广方案**（南县实验学校教育集团　赵灿）

一、活动目的

欧阳修说："立身以立学为先，立学以读书为本。"为创设读书氛围，创建阅读环境，提升学生对阅读的兴趣，进一步提高学生的阅读能力和写作水平，学校以"阅读·梦飞翔"为指导，以提升校园文化、营造书香校园为目的，制订阅读推广方案。

二、活动组织机构

组　长：孟玲

副组长：唐瀛（统筹）

组　员：吴正强、夏顺、谭海峰、汤万福、张灿、张文晋以及各班班主任和语文教师

三、活动主题

提升阅读文化，营造书香校园。

四、活动目标

（1）不断完善图书室管理制度和改善图书室设备，为学生提供良好的阅读环境和阅读资源。

（2）在教师中开展读书活动，进一步激发全校教师读书的兴趣，养成良好的读书习惯，提高审美修养和人文底蕴，营造浓厚的读书氛围，打造学习型

教师群体，提高教师综合素质，努力建造书香校园。

（3）通过系列读书活动的开展，进一步培养孩子课外阅读的兴趣和习惯，让孩子亲近书本、喜爱读书、学会读书。

（4）继续搞好午读活动，组织全校进行"好书推荐"交流活动，进一步营造良好的读书氛围，丰富校园文化生活。

（5）通过星级评价活动促进孩子良好行为习惯的养成，让阅读成为孩子的一种习惯。

（6）继续指导孩子完成好阅读记录册。通过阅读记录册让教师、家长了解孩子的阅读状况，同时要求家长在读书记录上签名，认可孩子的阅读成果，引导更多的家长参与亲子阅读活动。

（7）充分展示孩子的阅读成果，使师生、家长共同收获成功的喜悦。

五、活动口号

读进步的书，做最好的我。

六、主要活动内容

第一阶段：准备阶段（2013年7—8月）

（1）在师生中征集意见，制订第四届读书节活动计划，在教师中营造阅读氛围。同时，学校召开行政会，明确各线职责；召开全体教师会，各线按计划布置任务，要求每个项目有专人负责，强调统一部署、分工合作。

（2）做好宣传工作，通过发放《致学生家长的一封信》《阅读活动安排和阅读奖励计划》，让家长了解学校阅读工作计划，全面获得家长的支持。

（3）做好读书节的准备工作，如阅读记录册的印制、图书的准备、场地布置等。

第二阶段：活动开展（2013年9月—2014年5月）

（1）启动第四届读书节，包括周末图书日开放活动以及开展阅读相关主题培训、研讨活动等。

（2）组织全体孩子参加第三届自创图画书评比活动，通过自己动手创作图画书，让孩子能读到更多的书，并能创造性地编写故事。将优秀作品进行表彰和展示，增强孩子阅读的自信心，提高自豪感和获得感。

（3）开展阅读星级评价活动；第七届读书节中期总结；表彰"书香班

第二篇 阅读推广

级""阅读之星"和"书香家庭"。

（4）一、二年级家长进行"亲子共读"活动。通过活动，让孩子与家长亲历阅读，体会阅读的乐趣，推动家长与孩子的情感交流，促进家校联系。

（5）校本阅读课程的开发。学校以"走进经典，快乐阅读"为主题，根据学情，按年级编写《中外经典美文诵读》教材。

（6）组织学生英语课本剧表演，针对中、高年级创设英语环境，进行课本剧的表演，寓教于乐。

第三阶段：总结（2014年6月）

（1）举行第四届读书节闭幕式暨学生系列读书活动成果展示活动（展示优秀读书手抄报、优秀自制书签、阅读习作集、优秀好书推荐卡、优秀课本剧；表彰阅读之星、书香班级、书香家庭）。

（2）开展期末阅读星级颁奖；二至六年级阅读习作书集编印。

（3）拟订下一年度计划。

📖 活动总结 （南县实验学校教育集团　唐瀛）

学校本年度阅读工作开展得如火如荼、有声有色，浓浓书香溢满了校园，并辐射到整个南县城区和乡镇所有阅读项目学校。

一、按时完成工作，确保阅读工作顺利推进

1. 计划目标明确，切实可行

学校按基金会的要求，制订了目标明确、安排具体、切实可行的阅读活动计划书，并且严格按照计划行动，保证了阅读工作的顺利开展。

2. 阅读组织健全，分工明确

学校成立了以校长为组长、学校行政人员和各年级组长组成的阅读活动领导小组，并明确了副校长既是领导小组副组长，又是统筹人。

3. 搞好宣传发动，争取家长支持

学校在学年初发放了《致学生家长的一封信》和《阅读活动安排和阅读奖励计划》，要求孩子和家长一起阅读，由家长签名后上交。这样，孩子不仅能在学校参加阅读活动，在家里也能得到家长的支持。

4. 熟悉计划内容，指导阅读工作

校长和教师熟知基金会下发的阅读计划内容。阅读计划的内容除在教师会上进行宣读外，还给每位教师下发了一份文稿自学，让全体教师都知道计划内容，这样有利于指导阅读活动的开展。

5. 按时提交材料，及时解决问题

只要基金会有要求，我们一定会在规定的时间内高质量完成任务，如计划书、总结报告、阅读感受、考查评估前要回答的几个问题，我们都一一认真作答。我们经常与基金会项目负责人彭主任联系，随时咨询和请教在阅读活动中遇到的一些困惑和问题。

二、午读操作规范，行政督查到位

1. 学校把午读列入作息时间表，时间为30分钟

我们的午读时间一直固定安排在下午第一节课前。五年如一日，天天坚持，雷打不动，孩子已养成了很好的午读习惯。

2. 各班编排了《午读教师情况表》

《午读教师情况表》一式两份，一份交学校，便于行政午读督查；一份张贴在年级组办公室的墙壁上，由年级组长监督执行。这样，每天的午读既有教师管理，又有学校行政督查，使得午读能按基金会的要求高标准地进行。

3. 教师们熟读"阅读·梦飞翔"的评估标准

学校多次召开相关教师会议，组织专门的培训，确保午读的规范操作和有序进行。为了提高一、二年级午读实效，统筹老师刘志勇经常到班级亲自指导教师如何给一年级孩子讲故事、如何引导二年级孩子进行好书推荐。为了创新午读课交流形式，丰富交流内容，我们组织全体教师在多媒体教室开展午读交流展示与研讨活动。参加展示的班级分别是高年级124班，中年级131班和低年级138班。在雍艳辉老师的指导下，124班的好书推荐创新了交流和展示的形式，精彩的展示激发了孩子的好奇心和求知欲。李松梅老师巧妙地利用多媒体，调动孩子的多种感官，声情并茂地推荐《夏洛的网》一书，并就教师如何指导孩子推荐自己喜爱的书籍做了示范。熊艳老师结合图文，绘声绘色地讲演《大狮子的许多许多辫子》，让孩子感受到童话故事的魅力。在研究与讨论中，教师们积极参与，各抒己见，点评可谓精彩纷呈、百花齐放。通过午读课的展示与研讨，引导教师更好地关注孩子、启发孩子，真正让孩子的午读交流更加扎实有效。

4. 学校能在午读时达到基金会提出的四个具体的目标要求

一是孩子做好课前准备和课后收拾（教室安静整洁、课桌及书包整洁）；二是看书坐姿正确和登记看书数量；三是低年级讲故事和有序发书收书；四是轮流介绍图书且有互动活动。学校制定了孩子课前课后收拾准备的具体细则：

（1）准备好下节课的书本、文具、学具等有关的学习用品。书本摆放在桌子的左上角，文具盒压在书本上方，其他学习用品一律整齐地放入课桌内。如果不是第一节课，应先将上节课所用物品整齐地放入书包里，再进行下节课的准备。

（2）下课时间，值日生将黑板擦干净，收拾好讲台桌面。

（3）上课铃响后，学生应快速进入教室，静等教师来上课，不在教室或走廊里追打、喧闹。

（4）班干部或小组长进行课前准备检查，检查书本的摆放，对没有做好准备的同学进行及时提醒和做好记录。

（5）上体育课前应穿好运动鞋、运动衣裤，将口袋里的金属或硬物取出来放在教室里，不穿裙子和皮鞋上体育课。

（6）去专用教室上课时，教师负责督促孩子排好队，带领他们去专用教室上课；高年级由班干部督促同学带好所需学习用品，排好队伍去专用室上课。途中不能随便讲话、打闹或者随意离队。

学校将这几个具体要求列为督查项目，校长和行政人员每天进行检查督促。各年级的包点行政人员进行日督查，指出存在的不足，并提出改进意见。督查情况作为每月评比"书香班级"的重要依据。

5. 教师能进行有效的辅导

教师在孩子介绍图书、交流互动时，能相机引领提问、评价和促进孩子的互动。从二年级上学期开始，学校就要求孩子在听教师讲故事的同时，尝试初步介绍图书。到二年级下学期，孩子已然走上了正轨。现在，全校二至六年级都有教师指导孩子介绍图书。介绍图书时，孩子轮换上台，按照结构图和问题介绍图书，而且介绍图书的形式多样，有单个介绍、多人合作、全班交流、师生互动，每个孩子每学期都有几次上台介绍图书的机会。通过长期的训练，学生的表达能力、认识水平已有大幅度提升。

三、阅读课程完备，借还图书有序

1. 学校把阅读课列入课表，每班每周一节

允许各班根据实际情况将阅读课调整为每两周两节，便于中、高年级孩子节省进入图书室的时间，有更多时间在图书室专心看书。

2. 孩子有序列队到图书室上阅读课，按各班早已安排的座位就座

有阅读课的班级，在上课之前5分钟开始列队去图书室。每个孩子都有一个座位号，与借书卡号一致，这样便于对号入座，既节省了时间，又确保了还书时秩序井然。

3. 孩子认识各类图书的代号和分布

孩子在图书室的第一节课，图书管理员就专门指导孩子认识图书的代号和分布情况，让孩子知道图书室有多少图书柜、每个柜有多少层、能容纳多少图书，从而孩子在借还书时就能迅速找到图书的位置。

4. 孩子能有序地借还图书，运作高效

还书程序：孩子进入图书室按座位坐好，图书管理员分发借书卡给每个小组长，再由小组长将借书卡发给组员插入书袋，交组长检查图书的保管情况，最后将图书放回书柜。借书程序：孩子还书后重新选择好自己喜欢的书籍，教师指导孩子填好借书卡后统一将借书卡交给本组的小组长，再由小组长交给图书管理教师放入装借书卡的抽屉里。阅读课结束，孩子带走新借到的图书。整个过程就是先还上次借到的图书，再重新选择需要借阅的图书，依次循环借还书籍。

5. 加强阅读课程的指导

我们根据孩子的年段特点、知识体系建构规律，科学地指导阅读课及阅读活动，精心设计了阅读指导课、阅读活动课案例，开发了面向学生、教师、家长的《"诗意南洲"系列读本》，努力使阅读课程更具深度、广度与厚度。

6. 学校已编排了完备的阅读课程

为了实现诗意教育，营造"诗意南洲"，我们构建了综合阅读体系，研编了校本《阅读课程标准（实验稿）》。我们在课标中阐明了学校阅读课程的性质、基本理念、设计思路，从知识与能力、过程与方法、情感态度与价值观三个维度明确了阅读课程目标，建立了科学的阅读评价体系，对阅读资源建设、课程管理、阅读活动开展提出了具体的指导意见，推荐了分年段阅读书目等。我们以课标为纲，指导学校的阅读课程建设。2014年下学期，学校为了激励孩子课外阅读，更好地评价孩子的阅读能力，促进孩子阅读活动深入开展，根据校本《阅读课程标准（实验稿）》制订了《南洲实验小学星级评价实施方案》，并根据方案实施评价。

四、阅读记录完整，实现高效管理

1. 全校孩子均有一本精美的《阅读记录册》

《阅读记录册》包括封面、致家长的一封信、阅读活动安排、阅读奖励计划、阅读记录表、阅读报告等。2014年下学期，我们在师生中征集优秀阅读报告设计版本，低、中、高三个学段设计得到更新，深受孩子喜爱。

2. 全校有统一填写阅读记录表的方法

从一年级开始，教师用一节午读课的时间，以表格方式在黑板上一步步教孩子填写。教师指导孩子领到书的第一步是填写开读日期和书名，指导孩子不要在没看完的时候就填写感受。每指导一步，教师要看看是否还有孩子不会写，再接着指导下一步。教师要告诉孩子"家长签字"和"教师签字"的地方自己不可填写，读完日期也应在读完后再填写。这样训练一段时间后，孩子就熟练了。现在，孩子不管是阅读课、午读课，还是在其他地方读的书，都会完整地记录下来。

3. 认真做好检查记录，及时了解孩子阅读记录册的完成情况

学校坚持每月检视阅读记录和报告，采取集中检查和分散检查相结合的方式。全校有时组织各班将记录册上交图书室由图书管理员集中检查，有时包点行政人员到各班级检查，并将检查的情况及时反馈或在教师会上通报。

4. 孩子能有效管理和运用记录册

一年级孩子的阅读记录册让他们保存在课桌抽屉里，暂时不带回家。两三个星期后，再尝试让他们带回家一天，让家长看看，签名后第二天带回学校，考验他们的保管能力。当学生表现基本令人满意后，再试着让他们周五带回家，像家庭作业一样，由家长签字后在下星期一带回学校，交老师检查。通过这样的训练，一年级孩子在一个月后就能按要求熟练操作了。现在，全校孩子都能有效管理和运用记录册。

五、重视阅读教育，开展实践活动

1. 学校根据计划书积极开展阅读活动

具体开展的活动有如下内容：

2013年

7—8月：组织全体孩子参加"缤纷暑假　快乐叠加"体验活动。

9月：学校进行了暑假读书体验活动表彰；启动第四届读书节。

10—11月：组织全体孩子参加第三届自创图画书评比活动；组织一、二年级家长进行"亲子共读"活动。

12月：学校第四届读书节中期总结，表彰"书香班级""阅读之星"和"书香家庭"。

2014年

1—2月：组织全体孩子参加"阳光假期　快乐成长"体验活动；完善《南县实验小学阅读星级评价实施方案》；一、二年级家长进行"亲子共读"活动。

3—4月：图书室英语读本上架；鼓励各班进行英语课本剧表演；开展午读展示、研讨活动和阅读星级评价活动。

5—6月：期中阅读星级颁奖；二至六年级阅读习作书集编印；第四届读书节闭幕式暨学生系列读书活动成果展示，展示了优秀手抄报、优秀自创图书、阅读习作集、优秀好书推荐卡、优秀英语课本剧；表彰"书香班级""阅读之星"和"书香家庭"。

2. 记录和展示阅读教育活动成果的文件完备

学校所有活动都有文字资料，对今后更深入地开展阅读工作有很好的指导和参考作用。学校开展相关活动的方案、活动总结以及学生在活动中创作的作品等，都一一保存下来。

六、健全借还书制度，提高使用效率

1. 建立了完善的借还书制度

我们对借还书制度进行了反复修改完善，以适应师生的需要。

2. 孩子能熟练填写借书卡资料

首先让孩子认识借书卡，了解借书卡中所须填写的内容，再指导孩子填写借书日期、姓名、借书证号（可以填所在班级和座次号，如126—1、125—49……）、还书日期。

3. 借书卡资料正确

图书室的借书卡资料中的所有项目都由教师本人或教师指导学生填写，再由图书室管理员审查，孩子借书时对这些项目做进一步核对，使借书卡资料准确无误。

4. 按基金会要求，允许学生借书回家阅读

我们让孩子周五借书回家，下周一还书。这些图书都是班级从图书室借来的（图书室有借书登记），这样还能将这些书让全班学生交换借读，整个学期让班里每个孩子都有机会看到这些书。

七、开展养成教育，培养阅读习惯

（1）经常长期的指导和实践，孩子养成了良好的课前准备和课后收拾习惯。

（2）孩子在午读、阅读课或其他场所都已经养成了良好的阅读习惯。

（3）孩子形成认真记录的好习惯，不管是在班级、学校图书室，还是在其他地方看过的书，都能登记在记录册上。孩子不方便带记录册时，把所看过的书先记在一张纸或笔记本上，再找时间誊写在阅读记录册上。

（4）孩子能轮流在1～2分钟内有条理地向同学介绍图书，介绍图书时有基本的结构图内容、适度的声音、提升效果的身体语言和展示技巧，能恰当回应同学的提问。

（5）孩子养成一边听一边思考的习惯。介绍图书时，孩子能将自己看的图书关上，认真听取他人发言，边听边思考，并能提出问题和意见。

（6）孩子有良好的看书姿势，看书过程中坐姿、看书姿势和其他不对的地方，教师适时进行指导。

（7）孩子能达到基本阅读数量。按照基金会的要求，孩子每年应读书40本以上。据统计，2016年人均看书超过100本。与前几年相比，孩子读书数量在不断增加。

（8）孩子有使用公共资源的经验。由于养成了阅读的习惯，孩子不但在学校图书室借阅图书，还有相当数量的孩子利用双休日和节假日去社会图书馆、书店、超市的书柜看书。据统计，去县图书馆看书的人数约300人，其中办借书卡的有50多人。

（9）孩子创作表现不俗。学校根据孩子读、写、绘、唱、舞、演的爱好和特长，制订不同的阅读活动方案，将活动过程分步安排，给孩子一个训练提升的空间和时间，让每个孩子都有创作的机会，也给优秀作品提供了展示的平台。

八、搞好图书管理，优化读书环境

1. 学校有专人负责统筹和监督工作，有专责教师管理

学校成立了阅读活动领导小组，有专人负责统筹和监督，图书管理员由熟悉业务、工作负责的教师担任。

2. 图书分类正确、排架整齐，书柜有明确的排架资料

如柜台上设有柜号、每层的顺序等。图书室绘制的图书分类图，能大大提高孩子借还图书的效率。

3. 图书破损能及时修补

孩子在借还图书时，将已破损的图书清理出来交给图书管理员及时修补，有难度的由图书管理员利用课间和课余时间修补。像借书袋脱落、书页折角等一些难度较小的问题，教师指导孩子完成。

4. 图书室舒适宁静、整洁卫生

每上完阅读课就有孩子整理打扫图书室，图书管理员也不定期清理。

5. 有展示学生作品和新书的地方

在第二图书室专门开辟一个展示柜，既可以展示作品，也可以存放新书。

6. 学校图书室在课后或双休日开放，适度使用

学生可有序在放学后一小时内去图书室借书、阅读。

九、总结工作经验，不断完善提高

1. 学校有工作阶段总结报告

每次阅读活动结束，统筹人都会在教师大会上总结；每学期、学年结束，学校都有工作总结报告。

2. 教师有阅读工作经验论文

在图书室建设和组织阅读活动期间，我校教师不但有实干精神，认认真真完成阅读工作，还能在实践中不断总结和积累经验。一年多来，全校教师共撰写阅读工作经验论文30多篇，为学校今后阅读工作的开展提供了宝贵的经验，而且在很大程度上提升了教师自身的素质。

南县实验小学2017—2018学年度阅读推广方案

推广方案（南县实验小学教育集团　吴正强）

一、学校现状分析

通过多年来阅读活动的开展，我校师生已经养成了良好的阅读习惯，全体教师和家长也越来越重视阅读工作。阅读活动的开展，培养了孩子的自我管理能力，开阔了孩子的眼界，丰富了孩子的知识，启迪了孩子的思维，让孩子受益终身。孩子多次在参加各级各类竞赛活动中获得优异成绩，学业发展水平在全县名列前茅。因阅读工作扎实而有特色，我校吸引了县内外不少兄弟学校前来观摩学习。

二、年度目标

（1）不断完善图书室管理制度和改善图书室设备，为孩子提供良好的阅读环境和阅读资源。

（2）在教师中开展读书活动，进一步激发全校教师读书的兴趣，营造浓厚的读书氛围，养成良好的读书习惯，提高审美修养和人文底蕴，打造学习型教师群体，提高教师综合素质，努力打造书香校园。

（3）通过系列读书活动的开展，进一步培养孩子课外阅读的兴趣和习惯，让孩子亲近书本、喜爱读书、学会读书。

（4）继续搞好午读活动，组织全校进行"好书推荐"交流活动，进一步营造良好的读书氛围，丰富校园的文化生活。

（5）通过星级评价活动促进孩子良好行为习惯的养成，让阅读成为孩子的一种习惯。

（6）继续指导孩子完成好阅读记录册。通过阅读记录册，教师、家长以便了解孩子的阅读情况，同时要求家长在阅读记录册上签名，认可孩子的阅读成果，引导更多的家长参与亲子阅读活动。

（7）充分展示孩子的阅读成果，让孩子收获成功的喜悦。

三、活动计划安排

表1 活动计划安排表

日期	工作/活动项目内容	负责人	财务预算	成效指针	备注
2017年7月	在师生中征集意见，制订第七届读书节活动计划，同时召开全体教师会	校长和统筹教师		让全体教师了解计划的目的、要求、内容及教师要做的具体工作	
2017年8月	印制《学生阅读记录册》	统筹教师		阅读活动组织准备工作完成	
2017年9月	第九届读书节启动，组织故事比赛活动	统筹教师和相关负责教师	奖励开支：1000元	完成暑假体验活动表彰	
2017年10—11月	开发校本阅读课程	统筹教师和相关教师	课程开发与编印：5000元	编纂各年级段阅读读本	不同学科同时研发
2017年12月	中期总结经验	统筹教师和各班班主任		本行动计划目标达成	
2018年1—2月	统计图书室书籍使用情况	统筹教师和图书管理员		确定需更换和补充的书目，修缮图书室设备	
2018年3—5月	组织全集团学生编写优秀作文集	统筹教师和全集团教师		提高孩子的写作水平，激发孩子的写作热情	

日期	工作/活动项目内容	负责人	财务预算	成效指针	备注
2018年6月	（1）第九届读书节表彰总结会。（2）拟订下一学年度计划	校长、教导主任、各班班主任、统筹教师	习作集编印费：20000元；奖励开支：1000元；助学开支：3600元	奖励优秀个人、优秀班级及优秀家庭等证书、奖金及小礼物。总结一学年的经验和不足，完成总结报告，并制订下一学年的活动目标和方案	详情参考奖励方案。评奖准则：（1）依据学校阅读星级评价情况进行表彰个人。（2）表彰"书香班级""书香家庭""书香年级组教师"

四、学年度目标

（1）加强图书室的科学管理。

（2）加强新进教师与帮扶学校的阅读工作培训。

（3）进一步提高孩子的阅读兴趣和习惯。

（4）加强孩子创新意识和能力的培养。

（5）设计并使用本校《学生阅读记录册》。

（6）进一步开发阅读校本教材。

（7）开展阅读课教学研究。

（8）建国家级示范图书室。

📖 **活动总结** （南县实验学校教育集团　张灿）

新教育实验发起人朱永新说："学校教育如果离开了阅读，就不是真正的教育，只是训练。"他认为，真正的阅读要从儿童开始。为了激励孩子阅读，在县局领导和学校孟玲校长的高度重视下，学校扎实开展阅读工作。现将2017—2018年度学校的阅读工作总结如下：

一、创设阅读氛围，感悟诗意校园

我们每年将校园环境进行一次全面细致的修整，抓住几大主题营造幽雅的校园环境，使校园成为立体的教育对象、鲜活的教育读本，处处呈现生命的状态。

走廊墙壁上选用经典诗文，开辟成校史展览文化长廊。楼梯间的阅读墙、开放式书橱、诗文地砖、诗意阅读长廊、阅读主题雕塑……会说话的建筑，立体的阅读空间，我们力求让校园每一个角落都活起来，让我们的校园成为"文化浸润，感悟诗意"的理想教育场所，成为滋长幸福的"桃花源"。

二、注重常规管理，加强习惯培养

学校图书室配有2名专职教师，图书室的图书分类正确、排架整齐。舒适宁静、整洁美观的图书室，给孩子提供良好的读书环境。阅读课上，教师进行爱书的教育、阅读方法的交流和组织"我是图书管理员"的体验活动；午读课时，学校实行"小小志愿者"管理机制，值班教师进行适时指导点评，午读齐抓共管，规范有序。

为激励教师更好地关注孩子阅读，我们加大教师的培训力度。特别是对新进教师的培训，通过午读展示与研讨等各种校内培训活动，引导教师通过阅读关注孩子心灵和精神的成长。

阅读已经成了孩子生活的一部分，他们的课外时间都泡在图书室，还经常利用双休日和节假日去南县图书馆、新华书店、博大文化生活馆及步步高超市等书店读书。现在，及时记录阅读书籍、撰写阅读报告已经成了他们的习惯，学校也将阅读记录册纳入每月教学的常规检查之中。

因为关注孩子的常规管理，注重习惯培养，校园里我们经常可以看到这样的画面：图书室门口的鞋子摆放得整整齐齐；阅读课、午读课上，一张张红扑扑的小脸专注而认真地阅读；孩子的抽屉、书包里有序地摆放着各类书籍与学习用品；学校的图书通道更是一道亮丽的风景线，各班都有自己负责的书柜，每天有专人负责整理，孩子课间看书井然有序……

三、整合有效资源，丰富活动内涵

在开展阅读活动前，我们在师生中广泛征集意见，整合有效资源，开展了一系列孩子喜爱的阅读活动，变被动参与活动为享受活动过程，同时不断拓宽阅读教育的广度与深度。

享受体艺之美。这学期，我们除了坚持每周二、周四让孩子在大课间活动时表演诗文操外，学校金话筒社团和舞蹈社团的孩子合作编排了一套礼仪操，在富有动感的节奏里受到礼仪的熏陶；开展校园足球联赛，通过制作"足球进校园"主题手抄报让孩子了解足球文化。孩子在律动、健身的同时，享受体艺与文化、礼仪的结合之美。

享受写作之乐。学校每年组织二至六年级师生合作，以年级组为单位编辑第二套阅读优秀习作集，孩子人手一册。一期期精美的习作集，既展示孩子的生活感悟与阅读体会，也让他们看到自己的成长足迹，写作水平稳步提升。

享受创作之喜。我们通过古诗配画活动，使孩子进一步感悟经典文化内涵，体验古诗的独特韵味，激发孩子热爱祖国传统民族文化的情感。此次诗配画评比活动，学校图书室共收到孩子作品918本，其中获得阅读创新奖金牌75人、银牌335人、铜牌465人。为激发孩子的创作热情，教学楼的走廊两旁装裱了孩子的优秀作品，每次活动后学校都会向全体师生展示优秀作品。

享受表演之趣。为提高孩子的口头表达与表演能力，学校成立了金话筒社团，聘请省级普通话测试员进行教学。这些学生承担着全县中小学各类比赛的主持工作，在各类演讲比赛中出类拔萃。2018年，孩子在益阳（南县）第二届国际涂鸦艺术节颁奖典礼上表演的诗朗诵《苔》，获得了各界人士的一致好评。学校还组织了"世界图书日"启动仪式，开展了"红旗飘飘，引我成长"读书节"六个一"活动、"诗意校园，圆梦中华"经典诵读比赛、"小星星擂台"朗诵比赛、"庆国庆，喜迎十九大"系列活动等主题活动。

享受亲子之欢。我们通过家长会、致家长的一封信、亲子共读、聊书吧、阅读打卡活动等形式，让家长知道阅读对孩子成长的重要性，激励更多的家庭积极参与阅读活动。家长也经常利用休息日和孩子进行亲子阅读活动。

通过一系列丰富多彩、形式多样的阅读活动，孩子的交流能力、创作能力与表达能力得到提升，幼小的生命得到了展示，我们也听到了花开的声音。

四、创新评价方式，激励全员发展

为了促进阅读活动的开展，学校建立了三个体系。

1. 强化孩子阅读常规管理体系

我们完善了《图书借阅制度》《阅读检查制度》《阅读评价制度》《学生课前收拾整理制度》等，用制度规范行为。学校制定了"书香班级""阅读之星"等评比细则，并根据校本《阅读课程标准（实验稿）》制订了《南县实验学校教育集团星级评价实施方案》。阅读评价采用星级制，从低到高分别是铜星、银星、金星、水晶星、钻石星。阅读星级评价活动很好地引导孩子关注自己的阅读情感与态度、阅读行为与习惯、阅读过程与方法、阅读知识与技能，让孩子给自己准确定位，自主申请目标星级。

2. 健全教师阅读工作激励体系

我们把班级阅读活动的开展情况与教师评优、评先、职称晋升和绩效工资等挂钩，调动教师参与阅读活动的积极性。如全年的绩效工资中有阅读专项奖励，县、市、省乃至国家级优秀教师、班主任的推荐，均向从事阅读工作的教师倾斜，有效地促进了阅读工作顺利开展。

3. 研发校本阅读课程体系

学校开发了校本课程《阅读课程标准》《中华美文诵背》《有趣的科学》《"诗意南洲"系列读本》，还针对不同年级孩子的年龄特征和阅读兴趣，制定了高、中、低学段推荐阅读书目。

英国著名哲学家培根说："读书足以怡情，足以傅彩，足以长才。"教师们看到了孩子的进步，深切地感受到了书籍神奇的魔力，倍感快乐与幸福！我们坚信，努力做好阅读工作，每个孩子都能成为勤于思考、乐于合作、勇于探究、善于表达的最好的自己。

书香校园创建阅读活动

推广方案（南县实验学校教育集团 王晓晴）

"得语文者得高考，得阅读者得语文！"这句话生动而形象地道出了阅读的重要性。为了培养孩子阅读的好习惯，提高阅读品质和实效，学校决定组织开展书香校园创建活动。

一、活动目标

（1）使孩子养成热爱读书、博览群书的好习惯。

（2）使孩子从书本中得到心灵的慰藉，寻找生活的榜样，净化自己的心灵。

（3）促进孩子知识积累、思维活跃、综合实践能力的提高。

（4）引导孩子与经典、好书交朋友，营造良好的读书氛围，为营造书香校园奠定基础。

二、活动对象

全体师生。

三、活动口号

让读书成为习惯，使书香充满校园。

四、活动措施及安排

1. 开展宣传动员

通过教师会议、班队会、宣传栏等途径，向师生做好宣传动员工作，使师生认识到读书是学习的基本方式，是孩子健康发展的重要源泉，从而营造书香四溢的校园环境。

2. 学校分年级向孩子推荐书目，人手一份

各班语文教师也可结合本班孩子的阅读实际，有针对性地进行指导，组

织孩子分级阅读。每个孩子人手一本读书笔记，每周至少写2篇，将读书活动中读到的精彩片段、好词好句、名人名言、心得体会以及读书计划书、参加读书实践活动的感悟等记录下来。

3. 精心布置美化校园，使校园具有"书香气"

走廊墙壁上选用主题一致的经典诗文，开辟成校史展览文化长廊。开放式书橱、诗文地砖、诗意阅读长廊、阅读主题雕塑……在绿化区域布置富有人文气息的宣传标语，让阅读与陶冶随时随地发生。从小处着手，使孩子能移步换景，沉浸在浓郁的书香氛围中。

4. 精心构建多元化的读书网络

建立个人书橱、班级读书角、学校图书室。孩子在家中建立个人的小书柜，可以与家长共赏，也可以与小伙伴共读；每个教室建立图书角，实现资源共享；学校图书室配备专职的图书管理员，负责教师和学生的图书借阅工作与图书推荐工作。通过公众号、"校比邻"等，构建读书交流平台，网络相连，信息相通，让师生的目光投得更远。

5. 开展阅读活动

（1）上好阅读课、午读课。

（2）自编舞扇操、诗文操、韵律操。

（3）编辑孩子阅读优秀习作集。

（4）自创图画书。

（5）自编语言类节目。

6. 辅助措施

（1）印发《书香校园行动告家长书》，进行宣传发动。

（2）围绕书香校园活动，充实家长会、家长学校的活动内容。

（3）注意发挥家长的作用，使其成为我校书香行动有力的支持者、宣传者和直接参与者、建设者。

五、评价机制

为了更好地促进书香校园活动的创建，将在全校开展"书香少年""书香班级""阅读之星（铜星、银星、金星、水晶星、钻石星）"等优秀班级和先进个人的评选。

（1）在全校开展"书香少年""书香班级"评比活动，通过对班级书香氛围的创设、班级图书角的建设与使用、孩子参加活动的成果等方面进行综合评比，每个年级评选出一个"书香班级"，每班评选出一名"书香少年"。

（2）每个孩子的评价采用星级制，从低到高分为五个等级，分别是铜星、银星、金星、水晶星、钻石星。每学期进行两次星级评价。每个孩子根据评价细则进行星级申请，铜星、银星、金星由班级评价后确定，水晶星、钻石星由班级评定后再由班级报学校审核通过后确定。

📖 **活动总结**（南县实验学校教育集团　谭海峰）

为了激发孩子读书的热情，开阔孩子的视野，学校开展了"让读书成为习惯，使书香充满校园"的读书活动，收到了很好的效果，现将情况总结如下。

一、加强组织领导，书香校园活动有序开展

学校为提高办学品质，打造"书香校园"，让孩子们"读经典的书，做有根的人"，让书香溢满校园，让心灵徜徉书海。我校从2009年开始，发起了"书香校园"创建。活动伊始，学校教导处、语文教研组共同商议，确定了"书香校园"的指导思想及主要内容，学校还制订了关于"书香校园"的相关计划和措施，并由班主任负责具体落实。为了充分激起全体师生的读书热情，在全校迅速掀起一股读书热潮，学校召开了"点燃读书激情营造'书香校园'"的读书活动启动仪式。通过校长讲话，对全体师生进行了一次生动的思想教育，激发起师生的读书热情，使全体师生积极投身到建设"书香校园"的读书活动中。

二、全力营造书香校园的氛围，让校园处处充满书香

我们加大校园文化建设投入，对校园环境进行全面细致的改造提质。为了让学校的每一面墙壁都会说话，让学校的每一个角落都能闻到书香，我们将每栋教学楼都进行了装饰设计。每栋楼各个年级的走廊墙壁上都设计有字画，选用名句、古诗、引文等，形式丰富多样，内容每年一换。2011年我们设计的主题是"感悟童真"，2016年我们设计的主题是"阅读经典"。连学校围墙也全都开辟成了文化长廊。

班级是孩子成长的摇篮，要让孩子走上阅读之路，就要在班级中营造良好的读书氛围，用环境来引导孩子爱上阅读。每期学校大队部都会在每个年级中评选"最美教室"。班级的书香氛围营造从三个方面入手：首先是利用好板报这一有效宣传窗口，用心出好每期的黑板报；其次是建设好班级专栏，各班形式多样；最后是创设富有特色的图书角。给孩子一个更好的展示空间，让学习生活变得活泼生动而充满情趣。

三、开展系列活动，促进书香校园活动的升华

1. 认真上好阅读课和组织好午读课

每班每周开设一节阅读课，去图书室借书、还书、看书。如低年级有爱书的教育、收书和发书的训练、阅读的指导；中年级有阅读方法的交流与借阅卡的检查评比；高年级有"我是图书管理员"的体验活动，让学生轮流当图书管理员，负责修补图书、整理书柜和点评阅读课组织情况等。只要上阅读课，就会看到图书室门口一双双摆放得整整齐齐的鞋子，丝毫不乱。走进图书室，孩子们坐姿端正，一张张红扑扑的小脸正在专注而认真地阅读。午读课，他们先是沉浸在书的海洋中，安静得让人难以想象。接下来的交流活动，展现的却是另一番场景。他们大胆展示、积极质疑，唯恐没有自己展示的机会。长期坚持阅读交流，有些孩子虽然学习成绩上不是佼佼者，但与人交流却大方、自信，游刃有余。长期下来，孩子逐渐养成良好的习惯，这些良好的习惯将伴随他们一生。

2. 创意阅读活动多姿多彩

享受韵律之美。学校坚持每周二、周四让孩子在大课间活动时表演自编的舞扇操、诗文操、韵律操，让孩子在美妙的音乐中律动、健身，享受音乐、体育与古诗词的完美结合之美。

享受写作之乐。为了提高孩子运用语言文字的能力，语文教师课前了解孩子的阅读状况，结合孩子的阅读资源，指导孩子习作。为了让孩子体验写作的快乐，学校组织二至六年级师生合作，以班级或年级组为单位编辑学生阅读优秀习作集，并人手一册。一本本精美的习作里，展示着孩子的生活感悟与阅读体会。他们看到自己的作文被选录，一种成就感油然而生。通过这样的活动，激励了孩子的写作兴趣，为他们提供了向同伴学习的机会。

享受创作之喜。自创图画书是学生最喜欢的创作活动。2013年10月，图书

室制定了图画书创作制度，成立了图画书创作兴趣小组。第三期自创图画书评比活动，学校图书室共收到作品918本，其中获得学校阅读创新奖金牌75人、银牌335人、铜牌465人。

享受表演之趣。为了提高孩子的口头表达与表演能力，学校成立了金话筒兴趣小组，聘请省级普通话测试员进行教学。这些孩子承担着全县中小学各类比赛的主持工作，在各类演讲比赛活动中崭露头角。2016年，他们创编的语言类节目《咿呀成长记》在南县艺术节表演中获得各界人士的一致好评。

四、建立评价机制，激励全员发展

为了鼓励孩子参加星级评价，获奖孩子均可获得相应称号的精美书签一张。此外，金星可凭金星书签利用课余时间在图书室每周享受一次阅读；水晶星凭水晶星书签利用课余时间除阅读外，还允许每周借书一次；钻石星不但可以利用课余时间在图书室每周借阅一次，还可获得学校奖励的精美图书一本。

在对各项活动量化评价的基础上，各班根据学生参与各项活动的情况，每班评选出1名"书香少年"；大队部根据每个参与各项活动的得分情况进行汇总，按总分的多少，每个年级评选一个"书香班级"。"书香班级"的评选，真正树立了典型，起到了带动和推进的作用。

孩子在阅读活动中长知识、明事理，变得善表达、会思考，在课堂上的自主合作探究能力也大幅提高，参加各级各类书画、写作、演讲、舞蹈、合唱、科技创新大赛有168人次获奖。其中，习作有16篇被刊登在《中国少年儿童》杂志上，获湖南省习作竞赛特等奖23人、一等奖38人。因阅读成果突出，我校连续八年被评为香港"阅读·梦飞翔"文化关怀慈善基金会湖南省年度最佳表现奖第一名。

第三篇

阅读论坛

如何指导孩子选择阅读书籍

主持人：目前，市场上各种学生读物琳琅满目，但并不全都适合孩子阅读。孩子受年龄、阅读能力和阅读兴趣的限制，缺乏正确的审美观念，在选择课外读物上有较大的盲目性。因此，选择合适的书籍尤为重要。教师有责任推荐一些好书，正确引导孩子进行有益的课外阅读。下面，请各位教师就如何指导孩子选择阅读书籍这个话题谈谈自己的见解吧。

刘利文：当今社会，大家都知道大量阅读的好处，但很多人对如何合理选择阅读书籍并不十分了解。如何合理选择阅读书籍呢？

1. 选择书籍要符合孩子的年龄

选择的书籍要与孩子的智力发展水平相匹配。低年级孩子选择一些图文并茂且带拼音的书籍，尽量薄一点，最好只有一个故事。孩子很快能读完一本，内心就能产生想读下一本的冲动。中年级孩子选择一些童话书以及故事性和知识性较强的图书。如《格林童话》《安徒生童话》《十万个为什么》《自然科学》《宇宙之谜》《动物世界》等。高年级孩子读一些漫画书、寓言、儿童小说、儿童报告文学、科幻小说、探险故事、少儿百科知识类书籍等。

2. 选择书籍要体现有益、有趣的原则

应选择能给孩子正面引导、内容积极向上的书籍。选择书籍要以孩子的兴趣为前提，兴趣调动起来了，就能起到事半功倍的效果。

3. 要意识引导孩子读经典名著

孩子通过阅读名著，能在最短的时间内获得最大的收益。小学阶段因理解能力和思维水平有限，读名著可能有困难，我们应为孩子选择图文并茂的儿童版名著。

4. 选择书籍要选正规出版社出版的作品

正规出版社出版的图书经过各种筛选把关，有质量保证，可放手让孩子自己去选。

5. 不建议把作文选当成日常阅读资料

当今，中小学生作文选中的作文虚饰痕迹太重。当然，作文选不是说不可以看，孩子看看同龄人的写作，可适当借鉴一下。但作为常规阅读材料，作文选和作文杂志的意义不大。

总之，我们应站在孩子的角度，发现并尊重孩子的阅读兴趣，尽可能地引导孩子读名著，在浩瀚的书海中，为孩子选择一本合理的阅读书籍。

蔡京肴： 众所周知，很多家长和教师都知道要让孩子阅读。但是应该选择什么样的书籍呢？我认为可以从以下几个途径来选择书籍。

1. 从孩子的兴趣方面选择

阅读兴趣除了因不同年龄有差异外，不同性格的孩子也会有不同的阅读兴趣，甚至有的孩子在不同年龄段所产生的阅读兴趣也不尽相同。有兴趣的阅读才是高效的阅读。因此，选书时必须尊重孩子的阅读兴趣。

2. 从阅读的内容方面选择

小学阶段的阅读最好以科学类、自然类的内容为主，孩子阅读时要选择贴近生活、反映生活、介绍自然法则和社会法则的书籍。这类书籍能让孩子面对现实生活和现实世界，养成良好的生活习惯和个性品质。

3. 从正面引导孩子选择主题积极的书籍

可以选读一些名人传记，如领袖人物、爱国先贤和科学家的传记等，这些书籍展现了他们成长的足迹、奋斗的历程和光辉的业绩。

这些优秀的文学作品传达着人类的憧憬和理想，凝聚着人类美好的感情和灿烂的智慧。读了这些书，孩子懂得什么是真善美，什么是假恶丑，树立正确的人生观、价值观，进而实现自我人生价值。

总之，孩子需要我们帮助他选择健康有益的书籍。只要我们多花一份心思，就一定能够为孩子选择合适的书籍，从而让其轻松地爱上阅读。

郭美英： "阅读一本不适合自己阅读的书，比不阅读还要坏。" 小学生因经验不足、分析辨别能力差，往往不加想象地将书中内容"拿来就用"，或者盲目地跟从附和，不但吸收不了书里的营养，还会抑制已有的阅读兴趣，更谈不上培养良好的阅读习惯。因此，正确地选择课外读物，成了教师急需解决的问题。下面，我结合自身的教学经验谈几点看法。

1. 选择书籍要符合年龄的要求

低年级是培养孩子想象力和创造力的黄金时期。这个学段的孩子注意力集中时间短、字词积累有限，可选择一些色彩艳丽、主题鲜明的书籍，如续写绘本、讲述故事、自编绘本等，而中、高年级孩子的语言积累有了基础，可选择一些思想性较强的书。

2. 选择书籍可紧密配合课堂教学与主题教育活动

教师有了明确的教学指令后，孩子读书就更有目的性。教师也要多创设情境，让孩子把从阅读中所获的知识能够及时进行展示，更好地激发孩子的阅读兴趣。例如，学了六年级上册第五单元《鲁迅专题》后，教师推荐孩子阅读一些鲁迅的作品，如《朝花夕拾》《故乡》等，并读一些关于鲁迅的文章，观看和鲁迅有关的影视作品，然后开展班级读书会，交流阅读收获，展示阅读成果。

3. 选择书籍要根据个人兴趣和爱好

教师要了解学情，根据孩子不同的兴趣和爱好，引导他们阅读何种类型的书籍。例如，男孩比较喜欢贴近生活的、冒险的、充满机智的作品；女孩喜欢幻想的、唯美的、情感丰富的作品。这样既可丰富孩子们的知识面，又可更大程度地提高他们的阅读兴趣。另外，这一阶段的孩子喜欢能给他们带来强烈真实感的作品，对社会和身边的人群强烈地关注，也使得更多有历史文化积淀和现实主义的作品进入他们感兴趣的范畴。

李　莉：苏霍姆林斯基说："少年的自我教育是从一本好书开始的。"可见读一本好书对孩子教育的重要性。书是知识的载体，是人类智慧的结晶。在当今这个知识经济迅速发展的时代，读书是孩子扩大视野、提高学习能力的有效保障，是了解世界的窗口，是获得人类精华的捷径。特别是新高考改革制度的出台，阅读尤显重要。在浩如烟海的书籍里，如何帮助孩子选择合适阅读的书籍呢？

1. 选择书籍时要充分考虑孩子的年龄

低年级最好选择一些图文并茂且能激发孩子阅读兴趣的书籍，如绘本等，尽量薄一点，最好一本书就是一个故事，能很快读完一本，内心会产生一种成就感和愉悦感。中、高年级偏向纯文字的读物，可以是丛书系列，如郑渊洁、杨红樱等作家的作品。还要关注各种类型的书籍，如人文主题类、科普类、文字类等，让孩子从书本中汲取知识、涵养精神，提升语文素养。

2. 选择书籍要选择正规出版社的作品

父母在为孩子购书时，要选择正规出版社出版的作品，尤其是一些名社的作品。父母不能图便宜买盗版书。我认为，最保险的办法就是进正规书店购买。

3. 要有意识地引导孩子读经典名著

孩子因理解力和思维水平有限，读名著有一定困难。家长要选择图文并茂的儿童版名著，尽量选择字体稍大、带拼音的读物，既能保护孩子的视力，又能让孩子借助拼音扫除阅读障碍，提高阅读兴趣。

第三篇 阅读论坛

怎样科学设计阅读课流程

主持人： 怎样科学设计阅读课流程呢？我想，应该基于激发孩子的阅读兴趣和培养孩子的阅读素养这个目标。过去，我们对于阅读强调的都是词汇、理解，效果测试就是检查是否认识这些字词、是否理解这些句子和段落、是否体会中心思想。而近年来，我们对于阅读的要求是孩子要能审辩、会反思、有创意。这就要求教师根据孩子的年龄特点探索低、中、高年级的阅读课流程。下面，请各位教师谈谈自己的看法和做法吧。

蔡　颖： 低年级阅读课一般为讲故事，一本故事书需要三个课时。每个课时的重点都不同，流程也不一样。

第一课时的重点是观察、描述、猜想、概括、互动，流程可设计为课前准备——观察封面——讲故事。

课前准备（建议5分钟左右）。

观察封面时，教师需要引导孩子观察描述封面，并进行猜想（建议5分钟左右）。首先，引导孩子细致地观察封面并进行完整的描述，尽量把封面上的内容都描述出来，并让更多的学生发言。如在什么地方，有什么人物、发生什么事情（"我看到封面有……，还有……""我看到……在……地方""我看到封面上有……，穿着……的衣服"等）。然后，引导孩子根据封面对故事内容进行猜想。如"同学们想一想，他们在干什么呢？要去哪里？他们之间发生了什么故事呢"。接着概括信息，介绍故事的题目、作者、出版社等。

讲述故事时，为吸引孩子注意力可设计问题，让孩子适当思考，也可适当加入师生互动环节，还可设计简单的情景表演，顺畅地讲述故事（建议10分钟左右）。

第二课时为回顾故事，互动交流。首先，引导孩子回顾故事、复述故事。然后，引导孩子进行情境表演，明白道理。第二课时的情境表演与第一课时不同。第一课时是即兴的、简单的表演。第二课时表演的内容更多，孩子参与面更广。可以让孩子们演某个片段，也可以表演整个故事。以小组为单位来表演，实现孩子全面互动和全方位交流。最后，教师引导孩子联系生活，拓展延伸，感受绘本故事所蕴含的道理。

第三课时的教学任务是创意延伸。课时的设计要结合故事的主题进行设置和延伸。建议在保持教学目标一致的基础上，根据所在班级孩子的能力和兴趣，设计丰富多样、形式多变、自主创新的教学内容，培养孩子的能力，如绘画创作、故事演绎、角色扮演、编写故事等。

熊　雄：低年级阅读的主要目的是激发孩子的读书兴趣，培养孩子良好的阅读习惯，发展孩子思维、想象、创造等方面的能力。那么，怎样让低年级孩子对一本书产生兴趣呢？我觉得可以从书的封面开始引导。以阅读《爷爷一定有办法》为例，我设计了以下流程。

首先和孩子谈话导入，激发孩子的阅读兴趣。"同学们，在你的眼中，爷爷是个怎样的人？他是做什么的？"（从自己身边熟悉的人物开始，激发孩子的阅读兴趣）

接着出示封面，引导孩子观察。"这是今天我要讲的故事封面，仔细看图，你看到了什么？再仔细看看爷爷和孙子的表情动作，说说你有什么感受？"（引导孩子认真观察封面上人物的衣着、表情、神态，并猜猜爷爷是做什么的）带着猜想，孩子打开书本阅读时就有了目的，带着一份求知欲阅读，这样更能激发学生的阅读兴趣。此时，教师可适当补充："这个可爱的小男孩叫约瑟，他的爷爷是个裁缝，约瑟和爷爷就是这本书的主人公。这本书叫什么名字？"（出示书名《爷爷一定有办法》，孩子齐读书名）"根据这个书名，你能猜猜书中会讲些什么吗？"

最后介绍封面上的作者和出版社，让孩子一并了解。教师适当引导，让孩子知道这是一本值得大家阅读的书籍，并可以在听故事前要求孩子听后复述故事。这样，孩子听故事时会更认真、更用心。

在讲绘本故事时，教师可以让孩子边听边观察人物的表情、动作及语言，并根据绘本的一些画面引导孩子想象（比如爷爷会把衣服改成什么、把背心变成什么）。

绘本故事讲完后，让孩子说说自己的收获，也可以引导孩子复述这个故事给同学或者家长听。这样，低年级的孩子明白听完故事要梳理，要学会分享故事，从而增强阅读的兴趣，培养口头表达能力。

阅读为孩子呈现出一个绚丽多姿的世界，里面有丰富多彩的语言、生动绚丽的形象、深邃优美的意境、精辟独到的见解。孩子只有结合自身对生活的体验欣赏和品味，才能实现与作者心与心的沟通、情与情的碰撞。也只有这样，一篇篇凝聚着作家灵感、激情、思想的文字，才会潜移默化地影响孩子的情感、情趣、情操，影响着孩子对世界的感受、思考及表达方式，并最终积淀成人的精神世界中最深层、最基本的东西——价值观和人生观，最终造就孩子的健康人格，达到学习的真正目的。

徐　旺：知阅知天下，知大事；品书品乾坤，品珍藏。阅读是一种提升自身修养的有效渠道。究竟如何科学地设计阅读课流程呢？根据中年级孩子的阅读认知，我设计了如下流程。

一是选。教师要有意识地培养孩子学会搜索资源，有选择地读书。可先让孩子组内交流自己最近最喜欢读的一本课外书，再进行1分钟好书推荐（形式可以是好书自叙、故事表演、小记者采访、营业员推销等），最后让学生表达借书的愿望，由老师和同学给予建议。

二是读。认真阅读，找出自己认为最精彩的片段或句子，摘录到笔记本上。教师对孩子选择书本和查阅文章的情况进行检查，对择书不妥或查阅不当文章的孩子进行方法指导。

三是议。每次阅读课，6人一组，把自己认为最好的文章向组内推荐，组内再商议，选择一篇代表小组向全班推荐。教师巡查、了解各组讨论情况。要求孩子自信大胆，声音洪亮，敢于创新形式，师生和生生之间要有良好的互动交流。台下的孩子要养成良好的倾听习惯，积极参与到交流中来。

四是说。各组代表向全班同学推荐文章，推荐时请围绕黑板上标示的思维导图展开：介绍封面信息，概括文章主要内容，说说最喜欢的情节或人物，谈谈读后的感受。其他小组的同学可就这篇文章的相关疑点向推荐者提问。

五是评。可以以投票的方式推选出优秀推荐者或优秀阅读小组，予以奖励。

阅读是语文素养的重要组成部分。科学地设计阅读课能增加孩子的积累，锻炼其听、说、读、写的能力，增强他们感悟、思维、想象、创新等方面的能力，是语文海洋里一朵耀眼的浪花。

胡燕霞：通过观摩一些优秀的阅读课视频和现场阅读课堂，我总结出一些经验，下面分享给大家。

首先，准备出发环节。孩子拿着收拾好的书本、文具，排好队伍有序地前往图书室。进入图书室后，孩子按小组找到自己的位置。小组长清点书籍的情况，看是否丢失、破损。教师把上次阅读课按组收集的"阅读卡"发给孩子，孩子填写读完的书籍的日期，将"阅读卡"插入书籍封底的小袋子中，就可以还书、借书了。

其次，还书、借书环节。这个环节时间控制在5～10分钟。借书时建议孩子要初步了解书籍内容，判断是否喜欢再借阅。提醒孩子在借阅书籍时要养成整理书柜的好习惯，发现书籍摆放歪斜、不整齐时及时扶正，把书籍摆放得整整齐齐。孩子借到了书籍，坐在座位上浏览时，教师要注意提醒孩子的坐姿要端正，并且告诉孩子如果发现这本书不是很喜欢可以马上换一本。教师在巡视时发现孩子借阅了不适合他们阅读的书籍，应适当给出建议。如果孩子确定是自己要借阅的书籍，就可以填写"阅读卡"，填写后交给组长，由小组长收好交给老师。教师清点"阅读卡"收集情况，"阅读卡"交齐一组就可以离开一组，注意提醒孩子有序地离开图书室。

最后，收拾整理环节。孩子离开图书馆前要养成收拾整理的好习惯，将桌子摆放整齐，把椅子放回原来的位置，再有序离开图书室回到教室。

孩子借到了自己喜欢的书籍，就可以尽情享受阅读的乐趣了。

蔡　杜：课内打基础，课外求发展。教师在努力提高课堂阅读教学效果的同时，必须重视孩子的课外阅读。古代四大名著是孩子一生中必读的经典，如何让孩子对这沉甸甸的书籍产生兴趣呢？我觉得教师的引导很重要。在引导孩子阅读四大名著时，我设计了以下阅读流程：

首先，指导孩子看图片。由图片走近作者，直观的图片比枯燥的文字更具备吸引力。书本封面内页都附有作者的简介，可以了解作者的生平，掌握其生活的时代特征以及作者生活的状态和社会背景等。通过这些，可以知道作者写作的真实动因和意图，让孩子产生想了解的欲望。

其次，引导孩子看封面。每本名著的封面都是精心设计的，从颜色到图案到文字无不是对原著的最直接诠释。教师可以指导孩子看封面最醒目的文字——书名，提示它在封面的什么位置，用什么作为衬托，这个衬托有什么意义；进一步提示封面中的人物图像是谁，长什么样，是书中的主人公还是作者；还可以看封面的底色，想想为什么用这样的颜色，这与故事的内容有什么关系；等等。

再次，带着孩子看目录，了解内容。目录就是内容的缩影，从目录中可以串起整个故事的梗概，了解大致的内容；也可以以自己感兴趣的篇章为切入点，开始阅读；还可以只看书中的插图，通过插图想象整个故事情节。

最后，鼓励同桌、小组进行名著分享活动，谈谈自己的收获，每周举行一次"好书分享PK赛"和"知识抢答大赛"。这样既可以增强孩子的阅读兴趣，又能锻炼他们的口头表达能力和胆量。

一池清水，只要拍击就会产生层层涟漪。孩子的阅读也要不断地寻找一个个不同的切入点才能产生持久的阅读动力，让孩子享受到阅读的愉悦，也让教师陪伴孩子一起行走在阅读的道路上。

孟惠妮：语文阅读教学总目标指出："小学高年级学生应具有独立的阅读能力，注重情感体验，有较丰富的积累，形成良好的语感。会运用多种阅读方法，能初步理解、鉴赏文学作品，受到高尚情操与趣味的熏陶，丰富自己的精神世界。"因此在引导孩子阅读时，要科学、灵活地设计阅读流程。现在，我以"《三国演义》读书汇报会"为例谈一谈自己的流程设计。

（一）导入

师：前段时间，老师向同学们推荐了《三国演义》这本书。它是中国古代四大名著之一，是一部伟大的著作。每一个中国人，特别是每一个有文化的读书人，都应该阅读《三国演义》，了解三国故事。大家在课外都阅读了这本书，今天我们就在这里摆一个"三国擂台赛"，举行一次读书汇报活动。

师：话说天下大势，分久必合，合久必分。我把同学们分成三个方阵，请各方阵自报家门。东吴将领：攻无不克，战无不胜！西蜀豪杰：过关斩将，所向披靡！北魏群英：一鼓作气，志在必得！

（二）热身运动

1. "热身运动"——各方阵表演准备的节目

（1）东吴方阵朗诵《三国演义》开篇词。

（2）西蜀方阵表演自编自导的小节目《桃园三结义》。

（3）北魏方阵朗诵《观沧海》，感受曹操的博大胸襟和远大的政治抱负。

2. "记忆小热身"——考查孩子对三国知识的了解情况

各方阵派代表进行抢答比赛。

（1）《三国演义》的作者是谁？（罗贯中）桃园结义的三兄弟是谁？

（刘备、关羽、张飞）

（2）水镜先生所说的卧龙和凤雏分别指谁？（诸葛亮、庞统）

（3）《三国演义》中以少胜多的是哪三场战役？（官渡之战、赤壁之战、彝陵之战）

（4）"既生瑜，何生亮"是谁的临终一叹？（周瑜）

（5）"三足鼎立"指哪几个国家三分天下？（东吴、西蜀、北魏）

（6）《三国演义》中有哪"三绝"，分别指谁？（智绝：诸葛亮；义绝：关羽；奸绝：曹操）

（三）走进三国

（1）下面，我们就进入第一个环节：群英聚会。

在《三国演义》中，有一个跟"英雄"有关且十分生动的故事，谁知道这个故事？（《青梅煮酒论英雄》）

（2）在《青梅煮酒论英雄》中，曹操提出了对英雄的看法，谁来说一说？

（3）既然曹操给出了评价英雄的标准，下面请每个方阵派出代表，分别谈谈对《三国演义》里英雄人物的评价，并用一两句话说出自己敬佩的地方。记住，评价要从书中的故事找到依据。

高年级学生已经具备了一定的阅读能力。教师先推荐经典，孩子集体共读，再分组进行汇报，或表演、或抢答、或辩论、或评价，在交流中碰撞出思想的火花。在分组竞赛中，孩子的读书热情日益高涨，并乐在其中。

低年级教师如何给孩子讲故事

主持人：俄国教育家乌申斯基指出："没有任何兴趣，被迫进行的学习会扼杀学生掌握知识的意愿。"课外阅读是一项主体性很强的活动，其效果的好坏直接取决于孩子内心深处是否有一种根深蒂固的需要。因此，激发阅读兴趣，使孩子始终保持强烈的读书欲望，也是低年级教师阅读教学的重要任务。而听故事是孩子最容易接受的学习课外阅读的方法之一。低年级教师的任务便是和孩子一起阅读，要引导、激发孩子内心的感受，让他们品尝到阅读的快乐。下面请各位教师就低年级教师如何给孩子讲故事这一话题各抒己见。

肖　永：低年级教师注重孩子的阅读，培养孩子阅读的好习惯至关重要，而讲故事是激发孩子阅读兴趣的一个重要方法。那么，教师应如何给孩子讲故事才能更好地吸引孩子的注意力呢？我认为以下几点至关重要。

1. 准备充分，做好常规要求

教师自身需要先熟悉所讲故事的内容，设置教学目标，掌握故事主题，了解故事的主要内容（包括人物、对话、性格、心情变化、背景等）；对孩子的常规也要有所要求（注意聆听，不随意插嘴，要站起来才能回答问题），有统一的手势或口号保持安静；故事书的选择要适合孩子的阅读需求和阅读水平，给低年级讲故事尽量选择绘本，内容简单，插图精美。

2. 准确把握讲故事的方法与技巧

教师讲故事语速要慢，语速太快孩子们听不清，自然就激发不了阅读的兴趣了；应熟练掌握故事内容，在讲故事时能够模仿故事中角色的声音，配合适当的动作以及道具，或者加入一些表演环节来活跃气氛，使故事更加生动有趣，能够更好地吸引孩子。如《狼和七只小山羊》，教师在讲故事时，讲到狼说的话时声音应该粗重一些，讲到小山羊的话时可以让声音温柔一点，从而体现出狼的凶恶和小羊的天真可爱。在讲故事的过程中注重师生间互动，比如"分角色"使孩子增加参与感，促进孩子的思考，吸引孩子的注意力。如此一来，孩子就能全身心参与到故事中，效果也会事半功倍。适当地运用辅助工具或不同的方式（如声音节奏）增加乐趣，吸引孩子，适当地给予孩子奖励，激发孩子的兴趣。低年级孩子专注力不够，容易走神，不能长时间跟着教师的思路走，教师可适当地提问，待孩子回答完毕后给予适当的奖励。

总之，教师在讲故事的过程中，根据孩子的年龄和特点采取各种各样的方法、技巧，就能有效地吸引孩子的注意力，激发孩子的学习兴趣，获得良好的效果。

陈　慧：童话故事是开启孩子智慧大门的一把钥匙。听故事可以丰富孩子的知识，提升思维能力和想象能力，促进孩子的思维更加细微、准确，想象力更加斑斓、开阔。至于如何给低年级孩子讲故事，提前选好故事就是讲好一个故事重要的开始。

首先，要看跟谁讲。给低年级孩子讲故事，要选情节简单、人物单一的短故事。如《小猫钓鱼》《小熊不刷牙》等。其次，明确为什么要讲。讲故事必须要切合教育目的。针对低年级学生，要选取浅显的、简单易懂的故事，如果选用过于深奥的故事，大部分孩子是不能理解的，这样不仅不能收到理想的效果，反而让孩子失去学习的兴趣。记得我跟一年级孩子讲的第一个故事是《丽塔和鳄鱼迷路了》。在当时选材时，我注重了选择情节简单、人物单一的故事，而且故事绘本的颜色很鲜艳。我本以为这个故事会受到大部分孩子的喜欢，可在讲解故事的过程中，我发现孩子的反应并没有预想的积极。故事结束时，也没有几个孩子能够领会这个故事的真谛。

课后，我进行反思，对于刚入学的一年级孩子，让他们理解"自信本没有错，但不能仅仅只看到自己的长处而忽略对方的长处"确实比较困难。所以，要想达到好的效果，在讲故事前，有针对性地选好一个故事至关重要。

罗　彬：爱因斯坦曾经说："想象力比知识重要。"有了奇思异想，才有发明创造的无限可能。绘本的画面唯美、精致，但大家有没有这种感觉：绘本好简单，就是几幅画、几句话，几分钟就可以翻完；绘本也好难，就是一些图、一些文字，不知从何入手。在我看来，其实绘本不单是文字的说明，还可以拓展孩子的想象。

例如，在我校邓婷婷老师执教绘本《我绝对不吃番茄》时，直接出示封面图，带领孩子观察与推想，让孩子们观察查理和萝拉的长相、坐在哪里、人物的眼神，让孩子想象他们在干什么，接着猜测故事内容。简单的一张封面图，教师一步一步引导孩子观察，观察封面图的人物、细节等，让孩子遐想文字以外的世界，为孩子的思维插上梦想的翅膀。再如绘本《小猪变形记》，孩子不仅可以基于绘本原有的画面内容进行想象，更可以向外延伸小猪遇到了谁，怎样让自己变成别人的样子，结果会如何。所以，教师在绘本教学中要做深层次地挖掘和准确地引导，带给孩子无限的想象空间，给予孩子的发展也是无限的。

除了用眼看、用心想外，还要引导孩子大胆地说。教师要鼓励孩子大胆表达，只要孩子勇于开口、乐于开口，那就离精彩不远了。例如，杨淑老师执教绘本故事《会动的房子》时，提问："小松鼠睡了，房子还在动，会动到哪里呢？"引导孩子观察、思考，再开口说，并且要将语句说完整。孩子在经过一系列的练习后，再完整讲述绘本故事时就得心应手了。

心到、眼到、口到，让我们带着孩子在绘本中遨游，为孩子插上想象的翅膀，让阅读带着梦想飞翔。

青　瑶：第一次从图书室孟老师处拿到讲故事的绘本，有点措手不及。整个绘本大部分以图片为主，穿插极少数的语言对白，如果就把绘本上单一的内容讲给孩子听，不仅呆板枯燥，而且内容远远不够一课时。

第一次接触一年级故事绘本，我无论对故事内容还是自己讲故事的语言功底都是不自信的。幸运的是，学校会讲故事的老师真的很多。第一次听杨淑老师的故事绘本《会动的房子》，我就深深地被她生动的语言和对故事丰富的想象给折服了。整个故事的语言对白仅仅只有三句话，即小松鼠对大树的对白、小松鼠对高山的对白、小松鼠对大海的对白。如果只把这三句对白一五一十地讲给孩子听，那孩子的兴趣和注意力早已游离。杨老师手戴小松鼠的手偶与故事的角色进行互动，让孩子直接融入故事情节中，如和小松鼠亲亲嘴、握握手，这些都是孩子非常乐意参与的事情。顿时，小松鼠的形象立体起来了。

绘本中的图片是主要信息。但对于低年级孩子来说，教师声情并茂地讲解，引领他们观察故事、人物、表情，揣测人物的心理活动，孩子才能真正走进故事中。否则，对他们而言，绘本只是一本简单的图画书而已。

刘　茜：教师给孩子讲故事，是一种综合性的教育实践。然而，在故事教学过程中，提问是教学活动的核心。教师善于发问，整个教学气氛才会活跃。因此，积极有效的提问是激发孩子学习兴趣的钥匙，是沟通教师和孩子思想认识和产生情感共鸣的纽带。只有对提问进行艺术设计，巧妙使用，才能产生积极作用，达到良好的效果。那么，教师如何进行有效的提问呢？

1. 浅层次提问

浅层次提问就是教师围绕文本、结合绘本插图等设计一系列问题，孩子能回答这些问题，自然就理解了故事的大概内容。例如，在讲述故事《城里最漂亮的巨人》时，我问学生："故事中的巨人叫什么名字？他遇到了谁？他是怎么帮助别人的？"提出这三个问题的目的，主要是帮助孩子回忆故事中的主要情节，加深对故事的理解。

2. 想象式提问

在讲述故事《城里最漂亮的巨人》时，我问孩子："如果你是乔治，遇到房子被烧掉的老鼠一家，你会怎么帮助它们？"这种想象式提问，促进了孩子的想象力，激发了孩子的兴趣。

3. 拓展式提问

一个好的故事能给孩子带来无限启迪，这需要教师的引导。在故事《城里最漂亮的巨人》结尾，我问孩子："你身边有像乔治这样的人吗？你认为什么样的人才是最美的？"孩子们畅所欲言，气氛非常活跃。启发性提问帮孩子树立了正确的价值观、人生观，在整个教学过程中更起到了画龙点睛的作用。

4. 提问是一门艺术

在教学过程中，教师要精心设计提问，善于从教学的实际出发，真正提高讲故事的有效性、针对性，才能获得最佳的教学效果。

如何组织中、高年级的孩子午读

主持人： "鸟欲高飞先振翅，人求上进先读书。"校园每天30分钟午读，是孩子们最享受的时间。我曾采访一个孩子："午读课为什么吸引你？""可以安静阅读自己喜欢的书，也可以听别的同学分享书籍，还可以为大家分享自己的阅读收获。在交流分享中，我思想的窗户打得更开了！"这是孩子们的心声，也是教师的追求。独乐乐不如众乐乐。通过阅读、积累与展示等活动，不但为孩子营造浓厚的读书氛围，还为孩子创造展示风采的有利环境，把我们的读书活动推上新的台阶。如何组织中、高年级孩子午读？下面请各位教师就这个话题献出自己的金点子。

刘思瑶： 不要让"规矩"束缚了孩子的阅读兴趣。在我们的诗意校园里，各类书本随处可见，不管是布置在校园里的通道书柜，还是教室里的班级书柜，都很方便孩子们"想看就看"。特别是每天下午到校后的30分钟午读时间，更是能让每一个孩子在知识的海洋中遨游。

而对于中、高年级孩子而言，午读的组织应该在低年级的基础上进行适当调整。低年级的孩子在进行午读时应注重各方面习惯的培养，而中、高年级孩子进行午读时，应该获得更多的自主权，不要让过多的"规矩"束缚了孩子的阅读兴趣。我相信每个孩子都是热爱阅读的，但是他们喜欢的书籍种类并不一样，有不同的选择。这时，教师应该多以鼓励、支持的态度面对孩子的选择。只有让孩子先接触到自己感兴趣的书本，才会有动力去慢慢扩大自己的阅读面。因此，教师可以建议孩子看什么书，但不能规定阅读书目，要给他们充分的自主选择权。在阅读后，教师不要急切地想知道阅读成果。确实，"好书推荐""阅读报告"等能让教师直观地感受到孩子对书本的了解程度，但是过于频繁地让孩子展示，会增加他们的负担。与其让孩子带着任务阅读，不如让他们轻松自在地感受书本。阅读成果不仅可以通过"好书推荐""阅读报告"等手段表现出来，更能在平时的一言一行、一举一动中感受到。所以，教师们不妨适当放手，静待花开。

每天的午读时间是真正属于孩子的，就让他们无拘无束、无忧无虑地享受吧！

杨　容：对于小学中、高年级孩子来说，他们已经有了一定的认识水平和阅读基础。午读课的主要目标应该转移到提高孩子的提问和思考能力、概括和表达能力、互动和应对能力，而不仅仅停留在低年级以聆听为主的层次。如何有效组织中、高年级孩子进行午读交流，我认为应从以下几个方面入手。

1. 提升孩子的提问和思考能力

午读课中，当孩子习惯性地提出一些简单而又重复的问题时，教师应该及时制止或矫正，并利用恰当的时机向孩子讲解"提问的三个层次"，还可以针对孩子的问题进行专门的提问训练。另外，有的问题不一定要得出答案，鼓励孩子多提开放性问题，并让孩子认识到追问或是发表不同观点的重要性。午读课过程中营造轻松活跃的氛围，为孩子积极思考、有效提问创设良好的环境。教师要多采用鼓励性的话语激励孩子进行思考和交流，并对提问较好的孩子给予适当奖励，或在小组之间进行提问比赛，选出有深度的问题进行表扬，在潜移默化中引导和鼓励孩子提出更好的问题。

2. 提高孩子的概括和表达能力

安排孩子进行轮流汇报，让所有孩子得到展示和锻炼的机会。保证每一次汇报都有较高的质量，孩子的概括和表达能力自然也会稳步提升。对于第二天要汇报的孩子，教师可以提前一天检查他们的汇报材料，发现问题应指导其重做，直至符合要求。为开拓孩子的思路，加强概括和表达能力的锻炼，教师还可以利用合适的时间组织班级之间的汇报比赛或班级间交叉汇报。在孩子的各项能力提升后，教师应该鼓励孩子适当运用肢体语言和语气表达自己的想法，以多种形式汇报自己所看书籍的内容，如提问、唱歌、猜谜等。

3. 提升孩子的互动应对能力

在午读课中，利用小组合作学习的机制提升孩子互动应对的能力。在某个孩子上台介绍前，先让其在组内进行汇报，之后再利用几分钟进行组内交流。每个孩子都要发言，并提出自己的看法或建议。经过组内探讨和交流后，该生再上台汇报。这样一来，所有的孩子都参与到汇报交流的过程中，他们的互动和应对能力也得到了有效的锻炼和提升。为鼓励所有孩子在小组交流时积极发言，教师可以设置一些奖励措施。如采取积分模式，凡是参与的孩子都可以积分，积分可以兑换奖品。

彭银苹：午读以教师组织引导为主，最大的特点就是保障了阅读时间。孩子通过教师的引导，利用午间休息时间进行阅读。在实践过程中，师生之间通过有效合理的阅读互动，对提高孩子阅读理解能力，帮助孩子养成良好的阅读习惯具有重要意义。对此，我有以下几点建议。

1. 以激发孩子的兴趣为切入点，培养孩子良好的午读习惯

以悬念激发兴趣，教师可精选一些符合孩子学习心理发展的读物，包括小说故事、科普读物等，以制造悬念的方式向孩子介绍书籍内容。教师可根据孩子的生活、心理、思维学习的阶段特点谈书籍的影响，让孩子明白好的书籍是解决现实人生问题的智慧，能让人生充实而有意义。同时，教师要认真筛选书目，有计划、有目的地布置课外阅读内容，激发孩子的阅读情感。

2. 创设条件，让孩子坚持阅读

保证阅读时间，保障孩子每天30分钟的阅读时间，制定午读制度；保证充足书源，建立班级图书角，制定借还书制度，提倡书籍共享；组织好午间阅读纪律，让孩子学会安心阅读、用心阅读。

3. 教会方法，让孩子动笔阅读

徐特立说："不会动笔不读书。"阅读时边思考边动笔可以抓住重点，深入理解。圈点、勾画和批注能充分发挥孩子的思维潜能，加强对知识的理解，提高记忆的效率，极大地激发孩子揣摩研读文章的兴趣，有利于培养和提高孩子的自学能力。

钟　诚：每天中午的30分钟午读，就是我们师生共读一本书的美好时光。下面，我谈谈中、高年级孩子的午读组织。

第一步，定任务，提要求。周一午读课，我和孩子自由阅读《十月》这一部分，圈画出好词佳句，写批注。圈画的过程是读、思、记的过程，可促进理解、增强记忆，便于检查、摘录，并为下一步的批注做好准备（完成不了的孩子利用课余时间读完）。

第二步，读句段，说感受。周二午读前15分钟，同桌之间互相分享，读喜欢的句段，说说自己的感想。孩子有感情地朗读书中的每一句话，每一件事都牵动着他们的喜怒哀乐，使他们学会在读中悟情，品味语言。孩子通过这一方式，既能进一步体会语句的精妙、作者的情感，还能锻炼他们的语言表达能力。

第三步，乐分享，勤思考。周二午读后15分钟，孩子们面对全班进行分享交流。此环节，我们尝试小组合作，孩子轮流进行，其中组内的每个成员都是参与者，同时进行角色互换，如点评员、记录员、汇报员、释疑员等。孩子自由分享他们标记的好词、好句、好段，并针对本次阅读内容，与老师、同学进行交流和探讨。小组提问后，我就交流提问进行点拨："在刚刚提出的几个问题中，哪几个问题提得更有意义？"引导孩子思考怎样的问题才是有价值的。随着有价值问题的提出，孩子的思想火花开始碰撞。其间，教师也应适当予以点评和补充。

通过师生对话、生生对话、师生与文本对话和自我对话等形式，在不断交流探讨的过程中，学生对文本内容有了更深层次的把握，思维与语言表达能力得到了有效训练。

《十月》读完了，而我们共读一本书的活动还在继续。这样的一种读书活动体验能给予孩子一种榜样的力量，激发孩子阅读的兴趣，激起孩子阅读的热情。只有让阅读成为伴随孩子终身学习的习惯，才能使书香浸满他们的童年。

黄　英：培养孩子们读书的积极性，养成良好的读书习惯，可以将午读组织工作细化。午读组织应关注以下三个方面。

1. 重视午读准备阶段

在中午放学后，班干部指派两名同学将教室卫生打扫好，课桌椅摆放整齐。中午来校前，要求每个孩子手持一本课外书籍，最好是根据新课标推荐的课外阅读书目中选择的一本书（书籍来源为学校图书室、南县图书馆、自购或者同学交换）。在午读开始之前5分钟做好下午第一节的课前准备工作，并整理好书包。

2. 注重午读形式多样性

可以是自读的形式。午读时间为30分钟，必须保持安静，教师强调孩子坐姿，注意保持眼书距离。可以是小组共读的形式。以小组为单位共读一本书，如当学习六年级上册"鲁迅单元"时，以鲁迅的名著为代表分别读《朝花夕拾》《野草》《呐喊》《故乡》等。可以是师生共读的形式。在教师的带领下，师生共读一本书，如名著《西游记》。在阅读过程中，教师教给孩子读书方法，指导孩子如何阅读文言文、如何做好笔记、如何质疑，为阅读指明方向。

第三篇　阅读论坛

3. 重视汇报环节

午读结束前5分钟是孩子的汇报环节。教师要注重培养孩子的提问和思考能力、概况和表达能力、互动和应对能力。在汇报环节中，教师需要掌握好"提问的三个层次"，并指导孩子适当参与提问，让孩子尽量提有意义的问题，及时制止和纠正孩子提出的不合适的问题。教师组织孩子进行小组合作交流，几人组成一个小组，谁记录、谁发言、谁主持都要有明确的分工。汇报后，孩子利用几分钟进行交流，每个孩子都要发言，自然会有一些高质量的问题提出。

午读是培养孩子阅读习惯的最主要途径。通过自读、生生共读、师生共读，让孩子真正感受"悦读"的精髓，体会书中的意蕴，唤醒对书本的渴望与向往。

如何创新班级阅读实践活动

主持人： 吕叔湘先生曾指出："同志们可以回忆自己的学习过程，得之于老师课堂上讲的占多少，得之于课外阅读的占多少。我想，大概是三七开吧。也就是说，百分之七十得之于课外阅读。"吕老的这一观点充分说明了课外阅读在促进孩子的语文学习、提高孩子的语文能力和语文素养方面起着巨大的作用。如何做到阅读与趣味、阅读与实用、阅读与创新之间的平衡，是现代阅读不断探索的难题。教师需要做的就是不断创新阅读实践活动，激发孩子的阅读兴趣，主动参与，人人有期待、有收获。下面请各位教师就如何创新班级阅读实践活动这个话题谈谈自己的看法与举措。

刘　欢： "读进步的书，做最好的我。"这是我们的校训，也是孩子应追求的目标。我们一直践行让孩子在读书中感悟、在读书中明理、在读书中享受情感和艺术的熏陶，我们开展的自创图书活动就是阅读实践活动的内容之一。在自创图书活动中，孩子要构思并创作一本图画书，必须充分、有效地利用平时积累的文学素材，不然"巧妇难为无米之炊"。活动开展得非常顺利，在规定的时间里，班里的孩子都上交了一本自己创作的图书。有的图书封面精美，有的图书内容完整充实，有的图书插画活灵活现……其中，给我印象最深刻的是胡恩皓小朋友的自创图书。他把自己在班级学习生活中的点点滴滴，包括自己的进步与挫败一一记录下来，再配上精美的图画，堪称佳作。看到这样的作品后，我深深地感受到了孩子的创造潜力。我们把这些图书放在班级的图书角，以供孩子自由阅读和分享。这次活动让孩子明白了要想自己创作，就必须心中有书、有素材，更激发了他们阅读的兴趣和欲望，使他们明白要做勤劳的小蜜蜂，广泛地汲取书中的营养。

覃荆鑫： "读书破万卷，下笔如有神。"想要出口成章，读书是最基础、最重要、最直接、最有效的手段，而阅读也就尤为重要。我们处在教育第一线，创新阅读策略要符合孩子实际，实践的过程也要符合孩子实际且具有趣

第三篇 阅读论坛

味性。为了在班里营造浓厚的读书氛围，提升班级全体孩子的文化素养，养成多读书、读好书的文化生活习惯，我班开展了自制书签活动。

活动要求孩子充分发挥自己的想象力和艺术才能，制作出各种精美的、充满奇思妙想的书签。活动前，孩子要选定一本自己读过的书或者近期正在读的书，在与别人分享、推荐之前，自己设计一张符合书籍主题的书签，可以是纯图画，也可以图文并茂，在阅读课的图书推荐环节拿着书签进行书籍分享和讲解。这个方法在我们班实施后初显成效。每当阅读课时，台上的孩子自信满满，滔滔不绝地分享着自制书签背后的书籍故事；台下的孩子一个个聚精会神，全神贯注地倾听。在活动中，有的孩子在外观设计上花了很多心思，把书签裁剪成卡通人物、小动物等；有的为书签装上了精美的配饰；有的则在文字设计上下足功夫，写上名人名言，提醒自己要时时与好书为伴……一张张书签俨然成了一件件精美的艺术品，承载着班里每一个孩子对书籍的热爱和对生活的感悟。他们借书签表达自己"好读书、读好书"的美好心愿，不仅能展现大家的艺术创造才华，更能有效地激发阅读兴趣，同时培养动手能力和创新精神。

语言是学习的基础，而阅读是表达的基础。"腹有诗书气自华"，养成一个良好的阅读习惯，一定会让孩子受益终身。

范　莹：为了培养孩子的阅读兴趣，锻炼语言表达能力，提升文化素养，我班特开展以"春天"为主题的系列活动。在亲子阅读、绘制春景、主题诵读、文字赞春等活动中提升阅读兴趣，培养学生热爱春天的情感。

该活动分为实施和总结两个阶段进行。实施阶段包括以下四个活动环节：一是觅春之旅。孩子和家长利用周末自主寻春，或者采用春游的形式，教师、家长和孩子踏青游玩，可带孩子摘草莓、放风筝、爬山等，让孩子感受春天的美景，与春天亲密接触，在大自然中寻找春天。孩子亲近了自然，也增进了师生间、亲子间的关系。二是绘制春景。经过踏春之行，孩子把自己眼中的春天用画笔描绘出来，并将优秀作品在班级优秀作业栏进行展示。三是吟文诵春。首先布置班级教室，创设《美丽的春天》的墙饰，如各式各样的花朵、绿油油的麦苗、柳条等，营造春天的氛围。通过主题班会的形式，让孩子诵读描写春天的古诗或者是美文。教师可以先配乐朗读朱自清的《春天》作为开头，通过声情并茂的朗读，提升孩子的朗读水平。四是文字赞春。通过之前的系列活动，孩子已经对春天有了深切的感受，在此基础上让孩子把对春天的所见所想用文字记录下来，从文字中进一步感受春天的美，提升孩子的语言文字运用能力。

在活动总结与表彰阶段，设置"朗诵明星""写作之星""绘画小天才"等奖项，对活动中表现优异者进行表彰。

通过主题系列活动的开展，让孩子感知、触摸春天，与春天互动，产生相应的情感体验，从而让孩子在活动中爱上阅读，在阅读中发展语言能力。

郭玉泉： 开展"读写绘"活动在我班取得了很好的成效。一个完整的读写绘作品由三部分组成：绘画语言——画面（一幅或者多幅）、口头语言——学生的讲述、文字语言——画面上的相关文字（对白、解释、相关情节）。活动要求教师完整地给孩子讲故事，将角色、游戏融入故事中，在互动的氛围中共读故事。孩子将教师讲的故事复述给家长听，然后完成写绘作业，将故事进行创造性的续编，并以"绘画+文字"的方式呈现出来。要求家长和孩子做好亲子共读绘本，可以帮助孩子把其讲述的故事内容写在绘画作品上。

我通过书信、便笺、家校通、手机短信、家长会等方式，不断向家长反馈孩子在"读写绘"方面的进展与出色表现，鼓励家长开展亲子阅读。教师制作的作业条，每个纸条上的内容可以不同，比如"在树荫下读诗集""给奶奶读书""参观好朋友家的家庭图书角""写出5本自己喜欢的书籍""给自己最喜爱的作家写一封信"等。看到这些特色作业，孩子会很乐意完成。如果再加上"写出家长需要读的书目"等类似作业内容的话，会有更好的效果。因为平时不读书的家长也会因此抓紧时间读书，这样更容易营造良好的家庭阅读氛围。

孩子们喜欢的读书作业类型有很多，比如给妈妈或奶奶读书；坐在书店里读书，并从书店买一本书回家；去朋友家一起看书，一起玩；写出家长所读书籍的目录；制作精美书签等。

雷 芬： 我国古代文学家刘向曾说："书犹药也，善读之可以医愚。"可见，书籍对于一个人的学习生活、成长、成才有着莫大的影响。每个人都需要通过不懈地阅读了解书中的真义，感悟人生的真谛。然而，在今天快节奏的生活中，各种"快餐式"的休闲娱乐使孩子对阅读不甚在意。培养孩子的阅读兴趣，在班级营造良好的阅读环境，成为当前教学的重中之重。对此，我有三点建议。

1. 孩子的阅读需要家长的参与

教师是学校里的传教者，而家长则是家庭中的传教者。因此，我们可以开展"每日一读"的家庭亲子阅读打卡活动。由家长带着孩子，每天用半个小时的时间阅读各种课外书籍，既可培养孩子的阅读习惯，又能进一步融洽亲子关系，最终形成"家长——孩子——教师"的阅读体系，即家长参与、学生自主、教师督促。

2. 通过开展各种共读共享活动，形成良好的班级阅读氛围

通过设立"公共图书馆"，孩子将自己的课外书带到班级，组成小书橱，让学生互相借阅并有序地填写借还书记录表。每周固定一个时间让孩子相互交流阅读心得，相互传递所学知识，拓展孩子的阅读量。通过阅读数量、质量、表现，让孩子自己评选出"阅读之星"，以榜样激励自己更好地阅读。

3. 通过合作表演故事增强阅读兴趣，提升阅读质量

把孩子分成若干小组，根据兴趣选择书籍进行集体阅读，选择一则小故事或者一个片段，给孩子一周时间，让孩子通过分工合作，不断深入阅读、思考，在班级里进行场景表演，身临其境地感受故事，并用手机将其表演拍摄下来发送给孩子家长。最后通过教师、孩子共同投票，选出最好的表演作品，进行表扬。

总而言之，阅读不可弃。如何点燃孩子的阅读热情？"路漫漫其修远兮，吾将上下而求索。"

怎样创建良好的班级阅读氛围

主持人：全世界都一致认为犹太人最聪明，最富有智慧，是为什么呢？那是因为在每一个犹太人的家庭里，当小孩稍稍懂事时，母亲就会让孩子亲吻有蜂蜜的《圣经》，意在告诉孩子书是甜的。可见，让大脑充满智慧的最好办法就是让读书成为一种习惯，成为每天生活的必需。教师该如何创建良好的班级阅读氛围，让班级飘溢书香呢？请各位教师畅所欲言。

汤　玲：对于低年级尤其是一年级而言，创建良好的班级阅读氛围，我觉得可以讲述故事，为孩子提供表达的舞台。一年级的孩子刚入学，就像一张白纸，对阅读根本不了解。我们就利用学校的午读课，精心为孩子挑选绘本，声情并茂地为孩子讲述绘本中的故事，让孩子带着问题听，在听的过程中明白道理，感受阅读的乐趣。一年级第二个学期，每天的午读除了教师给孩子讲解绘本之外，我们又尝试了一个大胆的做法——利用午读课的最后5分钟，让孩子学着自己讲述故事。具体做法分两步进行：第一步，教师挑选几个语言表达能力强、有表演欲望的孩子做示范，要求这些孩子提前准备一个自己喜欢的故事，为同学们讲述。孩子讲述完后，教师、同学给予评价，委婉地告诉孩子可以加入动作、表情等，接着让讲故事的孩子学会提问题，一步步深入，让讲故事的孩子更投入其中，听故事的孩子也乐在其中。第二步，我们要求全班孩子都选一个故事讲述。孩子都有展示自己的欲望，回去后他们会积极阅读，认真准备，无形中就让他们参与到阅读中。时间一长，阅读习惯就慢慢养成了。我班的阅读氛围越来越浓，经常看到下课后好多孩子手中捧着书，或坐、或站，都在津津有味地阅读着。

魏领航：阅读需要一种氛围，氛围要靠教师来营造。一是营造教室阅读文化氛围，让学生感受读书的乐趣。为此，教师可以和孩子一起精心布置教室，挂贴有关读书的名言条幅，如"书籍是全人类的营养品——莎士比亚""读书好、多读书、读好书——冰心""发奋识遍天下字，立志读尽人间书""书山有路勤为径，学海无涯苦作舟"等。《学习园地》可以开设读书专栏，里面张贴孩子读书的成果，如读书笔记、优秀习作等。也可以充分发挥图书角的作用，设立专门的图书管理员，号召孩子交换图书，做到资源共享。教师要尽可能利用班队会开展读书活动，以活动营造读书氛围。班里经常开展朗诵演讲比赛、讲故事比赛等活动，可以充分展示孩子的读书成果，极大地调动了孩子的阅读兴趣。二是营造课外阅读氛围，提高课外阅读能力。不动笔墨不读书。我们要求孩子根据阅读情况填写《日积月累本》，记录阅读的篇目、时间、字数，摘录好词佳句，学会积累，学会与文本对话，学会做读书笔记。教师每周对孩子的摘抄记录进行评价，以保证阅读数量，提高阅读质量。孩子的成长需要潜移默化的影响，培养阅读的兴趣和热情离不开氛围的营造。要让孩子热爱读书，我们就该为孩子营造一种阅读的氛围。

管洪洁：如何创建良好的班级阅读氛围呢？

1. 教师和孩子一起精心布置教室

一起张贴有关读书的名言；开设读书专栏；张贴孩子读书的成果，如读书笔记、阅读报告等。

2. 教师要言传身教，充分发挥示范作用

孩子阅读时，教师也可手捧一本书静心阅读，营造一种良好的阅读氛围，孩子才能更专注、更认真。

3. 在教学中有意识地激发孩子的阅读兴趣

翻阅图书角的借阅登记，我发现孩子喜欢借阅一些趣味性的书籍，如《植物大战僵尸》《米小圈上学记》等，而《成语故事》《神话故事》等知识性强的书籍借阅较少。

怎么提高他们对这类书籍的阅读兴趣呢？在教学生字时，如果有孩子能组四字成语，我会大力表扬他成语积累多；如果孩子一时半会儿想不出来，我会说出和这个生字有关的四字成语的前两个字，让他们接后两个字，然后稍微讲解词语的意思或词语背后的故事，孩子都听得很认真。一段时间后我发现，孩子不仅将这些生字记得牢固，而且对成语、寓言等兴趣大增，借阅这类书籍的人增多了，真是一种好现象。

罗　练：要营造良好的班级阅读氛围，就要加大对课外书籍的投入，让孩子随时随地都有书可读。我带的班级在开学初就给孩子布置了一个作业，让每个孩子带两本自己最喜欢的书到学校，放到图书角，并安排专门的图书角管理员进行管理。在每天的阅读时间段里，孩子来图书角借自己喜欢的书，课后也可以到图书角借书看。图书角的书籍一两个月更换一次，以保证书籍的不断更新。长期下来，孩子的阅读兴趣提高了，不断获取除课本外的新知识，渴求获取新知识的期望心理得到满足。除了在班级设立图书角之外，还可以组织读书分享交流会。本班在每周五下午都会举行不同主题的读书分享交流会，如以科学为主题的好书分享、以名著为主题的好书分享等。在开展读书分享交流会时，我们会全程录像，并设立多种奖项。如分享获得班级同学最多好评的，评选为"好书推荐达人"，并发放奖状和奖品。这样从心理上激发了孩子的阅读动机和阅读兴趣，让孩子在良好的班级阅读氛围里逐渐提高阅读的积极性。

曾　琦：要让孩子喜欢阅读、自主阅读、有效阅读，阅读氛围的营造非常重要。

1. 建立班级图书角

"书非借不能读也。"很多家长反映，给孩子买了很多书，可他就是不爱读。而一旦让每个孩子从家中带来几本课外书建立图书角后，情况就迥然不同了。各种不同的书籍不但开阔了孩子的眼界，同时也拓展了孩子的阅读范畴。那种读别人的书的愉悦感促使孩子在"借书—阅读—和同学一起阅读—再借书—再阅读"的轮回中不断循环，孩子在这种阅读方式中感受到了阅读的快乐。

2. 保证课外阅读时间

在孩子的阅读过程中，需要家长的陪伴、参与、鼓励和督促。

3. 充分利用语文课，激发孩子的兴趣

比如，在语文课上用几分钟的时间让孩子说说自己最近几天又读了哪些书，与大家一起分享读书的感受和收获。通过这种方式，可进一步提高孩子课外阅读的兴趣。

张可婵：走进实验学校一年级1807班的教室，我被教室里浓浓的文化气息深深地吸引了。正对门的墙壁上悬挂一幅字画，上书"奋进"两个大字，旁边是"书山有路勤为径，学海无涯苦作舟"两行小字。在前黑板左侧开辟了《每周一诗，每日一词》栏目，每周向孩子推荐一首朗朗上口、易懂易记的古诗；每天向孩子推荐一个好词，这个好词可以是从课本上学到的，也可以是在午读课讲故事中学到的。在周三的大课间，我专门培训两个孩子组织大家朗读、背诵古诗，形成大课间文化。在班级营造学古诗、背古诗、记好词、用好词的浓厚氛围，从而让孩子消除对古诗词学习的畏难情绪，更加热爱学习古诗词，"用好词"在每周的看图写话作业中也能清晰体现孩子的掌握程度。后面黑板上是孩子自己办的阅读手抄报，设计精巧，图文并茂，内容精彩。教室左右两边的墙壁上是孩子自己设计的几个展示自己特长与才艺的板块，如"小小书法家""作文赏析""才艺展示""好书推荐""我是最棒的"。这些板块的设计充分调动了孩子学习的积极性，激发了孩子学习的劲头。

整洁的地面，整齐的桌椅，浓浓的阅读氛围，优美的班级环境，燃起了孩子对阅读的热爱。日积月累的经典储备，为孩子更好地发展打下了坚实的基础。

雷　芬：为了培养孩子的阅读兴趣，我认为首要的是在班级营造良好的阅读环境，班级公共图书角的创设就是一个很好的举措。班级公共图书角的创设可分两步进行。

1. 前期统筹安排，多渠道收集图书

发动全班孩子把自己读过的好书摆放在班级书柜；向学校图书馆借一批图书；成立班级购书小组，每学期由教师带领购书小组到书店选书。

2. 加强图书管理

设计有特色的借书证，培养贴心图书管理员。可以实行图书管理员小组轮换制。这样既减轻了管理小组的负担，又能让更多的孩子得到为班级服务的机会。建立完善的图书管理制度，如《班级图书借阅制度》《图书管理员工作制度》《图书借阅须知》等，使每个孩子都熟记于心。

3. 阅读活动的开展

在班级设立"展览栏"，定期将孩子在平时阅读中积累、摘抄的好词佳句进行展示。根据每月的班队主题或教材安排，适时设计同步阅读。如适逢3月，倡导读雷锋事迹、办学雷锋手抄报；学习童话课文时，要求孩子读童话故事，演经典片段。孩子往往对课文中出现的节选文章或教师介绍过的文章有着极大的热情，教师要及时推荐与孩子年龄相符、与课本同行的作品，激发孩子的阅读欲望。

除此之外，采取多种方式反馈孩子的阅读成果。教师可以利用"校比邻"、家访、班级微信群等形式将孩子的阅读成果反馈给家长，多元化给予孩子肯定和鼓励，进一步激发孩子的阅读兴趣。

怎样让孩子在合作共读中成长

主持人：古人云："读万卷书，行万里路。"可见阅读对一个人的重要性。又有人说："穷养、富养，都不如用'书'养。给不了孩子学区房并不要紧，最重要的是一定要给孩子一间书房，或者一个能看书的氛围或空间，让他养成阅读的习惯，从书中获得最佳的营养和能量。"语文教师应该积极创设共读环境，在亲子阅读和小组共读上正确引导家长和孩子，让书香浸润孩子的思想和灵魂。下面请各位教师谈谈自己的具体做法。

李　娜：为了让一年级的孩子感觉阅读是快乐有趣的，除了教师的努力，我们更多地动员家长坚持亲子阅读。

1. 微信群推荐绘本书目，家长讲给孩子听

首先，家长的声音是孩子可以接触的、温暖的、有情感的，效果是无与伦比的。尽管家长的朗读声音可能是沙哑的，可能普通话不标准，但对于孩子却是不可替代的。

其次，在班级QQ群收集最美亲子读书照，捕捉亲子阅读中最温馨动人的画面，播放给大家欣赏，以资激励。

最后，孩子每人一本《学生阅读报告手册》，每月重点记录亲子阅读情况，坚持在"校比邻"平台进行阅读打卡活动等，督促孩子坚持阅读。家长的持之以恒和重视会让孩子慢慢产生兴趣。一旦养成亲子共读故事的习惯，孩子可以不看电视，但绝少不了和家长一起阅读。

2. 亲子阅读存折卡和"书香家庭"评比活动掀起阅读风潮

亲子阅读卡记录得详细、家里藏书多、阅读氛围浓厚的都能得奖。在达到一定的绘本阅读量之后，举办"制作原创绘本故事书"的评比活动。当孩子看到自己制作的绘本书摆在教室读书架上分享传阅时，那种成就感和自豪感是无以言表的。

3. 阅读好书积累识字写字基础

在积累了一定的识字写字基础后，运用"采撷本"积累好词好句，并经常拿来读一读，有意识地学以致用。坚持下去，相信孩子必将受益终身。

好的书籍犹如一粒幸福的种子，能播撒到孩子的心田，开出美丽的花朵。让我们坚持阅读，爱伴成长，温润童心，静待花开！

李子祎：语文教师真正的精彩应该在于引导孩子爱上阅读，爱读那些永恒的书，让阅读的芳香伴随每一个孩子。我认为小组共读的形式十分有效。

1. 自由阅读

小组共读可以让孩子有极大的阅读自由。我们精心列出了适合孩子年龄段阅读的推荐书目，让孩子根据自己的读书意愿自由组建读书小组。在读书过程中，我们充分尊重孩子的意愿，各读书小组自由确定共读书籍。当然，要引导孩子读有品位的、经典的书。

2. 快乐阅读

小组共读可以让孩子更好地感受阅读的快乐。在小组共读活动中，我们努力引导孩子快乐地阅读。首先，教师的推荐要从孩子的视角出发，帮助孩子自我选择阅读书目，不能左右孩子的阅读兴趣。其次，教师应组织开展交流活动，如每周一次读书交流会、每月一次好书推荐会等。还可鼓励孩子用多种方式进行交流，如利用微信群、"校比邻"平台、QQ空间等发表自己的读书感受。

3. 丰富阅读

小组共读可以让孩子的阅读活动更加丰富，从而更加全面地阅读。如学习了《自然之道》一课，可以引导孩子以读书小组为单位阅读自然科学类书籍，从而丰富孩子的知识，开阔孩子的视野，提升孩子的综合素养。教师还应鼓励小组用不同的方式表达共读体会，如开展辩论会、讲故事、剧本表演等，让形式更加丰富多彩。发挥小组共读优势，适时分享阅读所得，让孩子在轻松、快乐的氛围中阅读。

王雪姣：如果说读书是和智者的对话，那么亲子共读就是家长和孩子心灵间的旅行。孩子总是对美好的事情充满好奇，而亲子共读的方式能让孩子在体验中产生阅读的兴趣。

亲子共读是以书为媒，以阅读为纽带，家长和孩子共同分享多种形式的阅读过程。亲子共读时，孩子感受到阅读是一种快乐、一种享受，被这美好的感觉吸引，进而愿意进行阅读并享受阅读，这带来的内在益处是长远的。

那么，亲子共读需要怎样进行呢?

1. 亲子共读环境创设

选择相对温馨、光线明亮、舒适、没有噪声的场所，可以是房子里的某个固定区域或户外如花园里、草地上、小河边等，使学生感到轻松、舒服。设立独立的书架，摆放一些卡通玩偶或其他富有童趣的小装饰品，增加孩子的阅读兴趣。

2. 良好的亲子共读习惯

亲子共读要持之以恒，家长要把亲子共读作为生活内容中的一个自然组成部分，合理安排某个固定的时间。共读的时间不宜太长，10~20分钟即可，根据孩子的兴趣而定。

3. 合适的亲子共读材料

选书时首先要考虑的是孩子，以孩子为本位，掌握适龄的原则，根据孩子的兴趣和发展需求选书。在选择阅读材料之前，家长要清楚孩子处在哪个时期，需要什么类型、什么内容的书。

4. 灵活多样地开展共读活动

家长要有意识地引领孩子阅读，走进书的世界，如采用提问阅读法、角色扮演法、重复阅读法、想象阅读法等。亲子共读中，无论采用何种方法，都要以引导、激发孩子的兴趣为起点，唤起孩子阅读的自主性、创造性，把阅读作为孩子的个性化行为。让孩子在快乐中阅读，始终是阅读的主体。

苏联教育家克鲁普斯卡娅曾经说："儿童阅读在孩子生活中起着重大的作用。童年读的书可以让孩子记一辈子，影响孩子进一步的发展。"自幼年时期便与书结缘的孩子，有较多的机会累积阅读经验，走过不同的阅读阶段，使图书成为生活的一部分，成为了解世界的一个重要来源。

通过亲子共读，家长与孩子共同学习，一同成长;通过亲子共读，为家长创造与孩子沟通的机会，分享读书的感动和乐趣;通过亲子共读，可以带给孩子欢喜、智慧、希望、勇气、热情和信心。

陈　霞:家庭是孩子的天然学校，家长是孩子的第一任老师，家庭环境是影响孩子的第一场所，良好家庭环境的创建与孩子的健康成长密切相关。一个具有浓郁书香氛围的家庭，可以激发孩子读书的热情，培养孩子读书的习惯，更能开发孩子的智慧，提升孩子的品格，接受先进文化的熏陶。亲子阅读

第三篇　阅读论坛

又称亲子共读，就是以书为媒，以阅读为纽带，让孩子和家长共同分享多种形式的阅读过程，在课外阅读当中起到重要的作用，是让孩子爱上阅读最好的方式之一。我家儿子上幼儿园时，每天睡觉前我都给他读一些文字，如《春晓》《静夜思》等脍炙人口的古诗。儿子听我读诗，很快就把十多首古诗背得朗朗上口了。大家都说，孩子的记忆就是一张白纸，往上印就行，看着他摇头晃脑背诗的样子，我倍感快乐。儿子上幼儿园时，很喜欢看那些画面精美、字又少的绘本。于是，我和他一起挑选了很多经典绘本。我们一页一页地翻，一本一本地读，有时候他躺在我的怀里哈哈大笑，有时候呆坐一旁思考，甚至还会跟我讨论一些问题。这无形中激发了他的想象力，培养了观察力，提高了语言表达能力。现在读小学的他，每天晚上还是和我一起阅读，我们共同学习，共同成长，一起在书中感受故事的精彩和词语的优美，感受读书的乐趣。与儿子一起阅读，让他知道什么是对错，让他知道一些简单的社会准则，从小就树立积极、向上、健康的世界观；与儿子一起阅读，不仅儿子高兴，我自己也感到很快乐，虽然有时很累，工作很忙，但是拿着书给儿子讲故事的时候，就会不知不觉地放松下来，感觉很温馨。

伴读的过程不但是家长与孩子一起阅读、一起学习的过程，也是一同享受亲情、一道分享快乐的过程。我想，我们会将亲子阅读坚持下去，在阅读中获得知识和快乐，在快乐中健康茁壮成长。让我们一起读书，把快乐进行到底吧！

如何指导孩子写好阅读报告

主持人： 何谓阅读报告？简言之，就是阅读之后的心得报告。并不是东抄一句、西抄一句，而是必须把握书中的要点，再以自己的语言重新组织整理出来的文章。它必须满足两个条件：一要读书，不能信口开河，言之无物；二要有心得，有所感，有所悟，有批评，有创见。当然，根据孩子年龄不同，我们可以创造性地改变形式。下面就请各位教师谈谈如何指导孩子写好阅读报告。

纪凤梅： 陶行知先生曾说："看书如同吃饭一样要紧，也是生活必须的。"孩子的成长离不开阅读各类好书。孩子阅读了一本好书，就想着和同伴一起分享。高年级孩子撰写阅读报告感到有困难的是如何写好"内容摘要"和"阅读心得"。针对这两点，我们进行了专项培训。关于"内容摘要"应做到四点：

（1）抓住文章的主要人物、主要事件进行简短概括。

（2）在合并段意时可借助表达先后顺序的词语进行连接，也可做适当的调整，使语言通顺流畅。

（3）人称使用不能重复，注意变换。

（4）对于中心不重要的内容可以舍去。

照这样进行几次训练后，孩子的概括能力得到全面提升。关于如何写"阅读心得"，我们强调，一定要联系自己的生活实际，不喊空话，并且能谈谈书中所蕴含的道理给自己以什么启示，反思自己的行为，荡涤自己的思想，这样写出来的东西才是真正有感而发，具有思想美。通过指导孩子写报告，提升了孩子的认知水平和表达能力，而这些美丽的文字就是我们酿出来的最香甜的蜜。

刘　霞： 阅读报告是孩子对于所读书籍的一种归纳、整理与加工，便于孩子厘清文本的框架和思路，体会文本的中心意义。在撰写报告的过程中，能够形成一定的形式，便于孩子更好地掌握阅读的艺术。

1. 关于书籍的基本信息要完备

诸如书名、作者、出版社、书籍类型等信息，特别是书的种类是小说、诗集还是科普著作，应该是孩子撰写报告时要有所注意的。通过事先帮助孩子了解相关体裁，可以让孩子在阅读过程中和撰写报告时有所侧重。

2. 尝试复述书籍内容

诸如故事书，一般要写出故事中的人物、时间、地点等基本信息，在此基础上进一步补充故事的背景、发展和结局。通过这样一些概念的提示，能够减少孩子复述内容的难度。

3. 评价书籍

评价书籍主要是对书中的人物进行一个价值判断，可以挑选出比较突出的几个人物进行分析和评价。这个过程可以帮助孩子形成正确的价值观，同时也可以加深对文本的理解，如"你最喜欢书中的哪个人物""如果要你给他送一份礼物，你会选择什么"等。

4. 链接知识

无论是科普书，还是诗集，或是故事书，通过对同类型主题、题材、情节的链接，无疑可以让孩子更加融会贯通，避免繁杂而琐碎的记忆。在孩子的撰写过程中，教师可以采用提问的方式指导孩子撰写阅读报告。

在撰写报告的过程中，教师可以从师生共读一本书的活动出发，根据书籍的类型设定知识类、价值类、分析类的问题，让孩子更好地阅读一本书。在这个过程的最后，将讨论和分析的环节进行复述，适时提示孩子可以采用的分析方法，让孩子了解从知识、情感、综合分析的角度初步解读文本。阅读报告后面留出一部分位置让孩子书写自己的心得体会，无须规定字数，让孩子经过充分的阅读之后再书写，将会是一个很好的生成过程。

张　洁：指导孩子撰写阅读报告有如下步骤。

1. 指导孩子阅读

包括这本书的概况，如作者简介、内容概要；这本书在表达方法等方面的特别之处；本书的主要观点、意图；这本书的精华部分或个人最喜爱的部分；对本书的评价；读后感；等等。

2. 指导撰写阅读报告

首先，要求孩子根据阅读感受，自由选取一个自己最感兴趣的角度确定一个观点，选择的角度要小，挖掘要深。然后收集资料，可以根据观点摘录原著中的相关内容，制成摘录卡；还可以查阅其他书籍杂志，掌握相关的资料。报告的内容可以是好词佳句、主要内容、收获、感受、最喜欢的人物、书中值得介绍的地方、给书中人的信、印象最深刻的一幕等。

3. 撰写阅读报告的注意事项

指导孩子读书时要边看边写，不论有什么感想、疑问和见解，都随即写下来，最好准备一本读书笔记簿。写报告要抓住最有感受、最有心得的几点来谈，以孩子自己的观点为主要内容，原文可以作为举例加以引用，但不宜太多。根据四年级孩子的特点，报告的撰写形式并不局限于用文字来表达，还可以根据自己的爱好选择绘画的形式，激发孩子的兴趣。

对每次报告的撰写情况，要及时总结和评价。对于那些报告撰写特别优秀的孩子要及时表扬，多给孩子鼓励与肯定，将他们的作品进行展示、传阅，号召全班学生向他们学习，让他们感受到成功的快乐。这样能更好地激发孩子的阅读兴趣，使他们乐意完成阅读报告。

熊艺佳：阅读报告就是读完书之后的心得报告，其目的在于增加新知，提升概括和表达能力。书写阅读报告的大致过程如下：

第一，认真阅读书籍。

第二，学会归纳。写报告首先要介绍书籍所讲的内容，要学会详略得当地归纳书籍内容，突出书籍所讲的重要情节。例如，《鲁滨逊漂流记》一书主要讲述了鲁滨逊在一次航行中不幸遇上了海难，整条船上只有他一个人幸存了下来。而他漂流到了一个荒岛上，在这个荒岛上种庄稼、盖房子，历尽了磨难生存下来。但想回家的心切，使他着迷般地只想走出这个鬼地方。经过一次次的努力与失败，他终于在1868年回到了阔别28年的祖国。

第三，摘抄好段。每本书都有其精彩之处。之所以精彩，或因为辞藻优美，或能引起人们最深的感触。所以，我们可以将这些片段找出来进行赏析。例如，"可见，我们一般人，非要亲眼看见更恶劣的环境，就无法理解原有环境的好处；非要落到山穷水尽的地步，才懂得珍视自己原来享受到的东西。"这一段启发了我们要珍惜眼前的所有，不要到真正失去的时候才懂得自己曾拥有过最美好的东西。

第四，自身感悟。每阅读完一本书，都会有一些感悟。而阅读一本书，最重要的就是它带来的启发。例如，《鲁滨逊漂流记》一书使人深受感动。主

第三篇 阅读论坛

人公身陷绝境，竟能这样对生活充满信心，勇敢地面对生活、创造生活，实在是难能可贵的。使我认识到，人不论何时何地，不管遇到多大的困难，都不能被困难吓倒，要勇敢地面对困难、克服困难，始终保持一种积极向上、从容乐观的心态面对和挑战命运。只有这样，才能像鲁滨逊那样，永远是一个胜利者。

蒋　全：我们根据孩子的特点设计了阅读报告，并对怎样撰写进行了有效指导。

阅读报告包含书名、作者、出版社、好词好句、读后感等。低年级孩子撰写报告的形式多种多样，除了文字表达外，还可以通过图画来表达，以便于激发孩子阅读的积极性。孩子在写阅读报告的时候，教师一般都会在他们身边进行指导，对孩子遇到的困难一一给予指点。例如，孩子不会对所读书籍进行分类，经教师指点后，孩子知道01是绘本类、02是校园故事类、03是童话类……这样，孩子就知道自己看的哪类书籍；有的孩子不知道什么是好词好句，教师也会陪同孩子一起看书，帮助孩子一起分析；有些孩子不知道喜欢这本书的理由是什么，教师也对书籍的大致意义进行分类，如01选年段、02选爱好、03选内容、04选经典，这样，低年级孩子就知道自己喜欢这本书的理由是什么了。总而言之，教师要做的是教会孩子写报告的技巧，让他们觉得写报告并非难事，从而打从心底喜欢上阅读。

如何科学使用《学生阅读档案》

主持人：阅读可能改变不了人生的长度，但可以改变人生的宽度；阅读可能改变不了人生的起点，但可以改变人生的终点。在书海中畅游，孩子收获的不只是知识，还有智慧和真理。通过多种多样的读书汇报形式，能让孩子尽情地吸吮精神营养。雁过留痕，花开有声。为了方便每个孩子记录下自己的阅读活动，留下美好的阅读足迹，学校组织教师分学段编辑了《学生阅读档案》。下面，请各位教师谈谈如何有效使用好本年级的《学生阅读档案》。

杨　柳：《阅读记录册》由我的阅读足迹、阅读书目、字词句积累、阅读感悟、好书推荐卡五个部分组成，用书面形式汇报自己的读书成果。通过多种多样的读书汇报形式，让孩子尽情地吸吮精神营养。其中，最值得一提的是阅读感悟和好书推荐卡。

阅读感悟主要在于培养孩子自学、自悟、自得的能力。首先是积累。让孩子摘抄在读书过程中碰到的好词好句，日积月累，为写作打下基础。其次是理解。让孩子理解整本书的内容，说说书中自己最喜欢的人物或情节，并说出理由。最后是升华。让孩子谈谈读完这本书或这个故事的收获和明白的道理。在中年级阶段，还会让孩子说说这本书的不足之处。让孩子畅所欲言，所有感悟让孩子自己体味出来，为孩子在制作《好书推荐卡》和在好书推荐时能够提出更深层次的问题打下基础。读完一本书后，孩子将自己的阅读感悟制作成《好书推荐卡》。《好书推荐卡》的制作不仅激发了孩子热爱读书的热情，给孩子提供了以书会友的平台，还让孩子在涂一涂、画一画的过程中培养了动脑、动手、创新的能力。

常言道："得法于课内，得益于课外。"所以，我在制订阅读计划的同时辅助使用了《阅读记录册》，充分开发和利用各种阅读课程资源，实现课内外阅读教育的衔接和整合，加强对孩子阅读兴趣的激发和阅读方法的指导，鼓励孩子阅读，做到质和量相统一。

　　邓红艳："不积跬步，无以至千里；不积小流，无以成江海。"为了方便每个孩子记录自己的阅读活动，留下美好的阅读足迹，学校组织教师分学段编辑了《学生阅读档案》。下面，我谈谈如何有效使用中年级《学生阅读档案》。

　　《学生阅读档案》包括校长感言、致全体学生家长的一封信、读书活动倡议书、阅读奖励计划、推荐书目、我的阅读习惯评价、我的阅读足迹、我的阅读报告、我的好书推荐卡、我的阅读获奖成果、我的阅读纪念等。

　　《学生阅读档案》平时由孩子自己保管，记录下自己所阅读过的书籍，并真实、详细地填写开读日期、读完日期、书名、图书来源、阅读感受等。每读完一本书，孩子及时记录，家长和教师根据孩子的读书情况签好字。学生一般一个月要阅读4~5本书，读了多少本课外书就要如实登记多少本书名。孩子一个月完成一份阅读报告，并且要选择本月所读书中自己收获最大、感受最深的一本，认真完成，一学期共完成四份。教师对孩子每月一次的阅读报告要做到有检查、有批改、有评价。学校将《学生阅读档案》作为教学常规的重要内容定期检查，一月检查一次。

　　检查时有以下注意事项：教师要检查封面姓名、致家长的一封信、阅读奖励计划等是否按要求填好；检查图书登记是否规范、字迹是否工整，并做到无错别字，如孩子阅读的书籍种类单一，教师可以提出建议；教师批改阅读报告时，要认真批阅并附有等级和评语，对于书写较差的学生，教师可要求其重写；对图书内容概括不清楚或不通顺的，教师可以进行指导或给予建议。教师需要对批改后的阅读报告进行简单登记，挑出优秀阅读报告进行范读或点评。

　　阅读是利于终身的，也是美好的。它不仅能帮助孩子积累知识，还能修身养性、陶冶情操。教师之所以花这么大的精力来做阅读，就是希望孩子人人有阅读兴趣，人人养成阅读的好习惯。希望孩子能加油、努力，家长能支持、配合。

　　李建新：虽然阅读的方式、方法不尽相同，但自古以来人们就知道"好记性不如烂笔头"。所以，我们学校设计了具有校本特色的《阅读记录册》，主要分为阅读足迹及阅读报告单两大部分。那么，怎样才能有效使用《阅读记录册》呢？下面，我谈一些看法。

　　1. 规定书目，读名家名篇

　　一本好书就是一道心灵鸡汤，能洗涤人的灵魂。而名著就是文学的精华，与名人交流，可以让人更睿智。所以，我们分学段推荐一些必读书目，如高年级有《普希金童话》《上下五千年》《鲁滨逊漂流记》等。

2. 采取激励机制

阅读足迹部分记录着孩子所有的阅读情况。为了激发孩子参与阅读的积极性，我们可通过奖励机制，比如记录本上每达到一定的阅读量，就可以让孩子实现一个"小愿望"，然后与家长联系并争取他们的支持。如果达到目标，教师就发表扬信，孩子凭表扬信到家长那里兑换奖励。

3. 组织好书推荐，给孩子一个交流的平台

《阅读记录册》另外一部分就是阅读报告单，它是阅读的载体，设计美观大方，为孩子打好了基本框架，学生只要涂色添画进行美化即可。内容大致包括标题、书名、作者、姓名、班级、读书日期、好词、好句、我的收获等。完成阅读报告，可以读完一本书制作一份，也可以读完一章制作一份，还可以每天读书后制作一份，根据需要调整。为了避免孩子只图完成任务而敷衍，我们每天午读课轮流进行好书推荐，分享自己的阅读收获。在分享好句时，必须说出句子好在哪里，这样就不能随便找一个句子抄下来了，从而让阅读落到实处。孩子人人都有机会展示自己的收获，体验成功的喜悦，就会更认真地填好阅读报告，阅读兴趣也会更加浓厚。

4. 关注阅读足迹上的信息

阅读足迹可以反映孩子的阅读轨迹，教师应根据孩子记录的一些信息，对他们进行针对性的指导、帮助。如当某个孩子阅读了很长时间仍停留在一本书上时，我们不妨关注一下他的阅读方法，及时了解孩子遇到的阅读困难，带到班里一起解决，这样才能使阅读活动持之以恒地开展下去。

总之，习惯成自然。只要养成认真做好读书记录的习惯，坚持不懈，与书为友，自然就会爱上阅读。

罗行敏：《阅读记录册》旨在让孩子随时记录自己的阅读成长轨迹，方便教师检查孩子的阅读情况，同时通过《阅读记录册》来督促孩子，养成良好的阅读习惯。

《阅读记录册》由封面、学校寄语、活动倡议书、活动安排、奖励计划、记录表、阅读报告单组成。如何有效地使用《阅读记录册》呢？

一是要求孩子每天将记录册放入书包，教师利用午读课随时检查记录册上的内容是否正确、书写是否规范整洁。如果孩子看的书籍种类单一，教师可

第三篇 阅读论坛

以提出建议，这样让孩子的阅读落到实处，不让课外阅读形式化。

二是每月让孩子整理一次《阅读记录册》，并针对阅读书籍设计阅读报告，从概括书本的主要内容、日积月累和读书心得等多方面进行设计，让孩子自评是否对书籍真正了解。

三是教师每月月底检查，并做出详细批改，做出等级评价，提出建议，用一两句鼓励性的话语给予评价，进一步激发孩子的阅读兴趣。

定期展示，交流孩子的《阅读记录册》。通过展示优秀的阅读记录，以榜样来激发更多的孩子，让孩子养成读好书的习惯，并认真记录。

阅读星级评价操作策略

主持人：斯塔弗比姆指出："评价最主要的目的不是为了证明，而是为了改变。"课外阅读评价应建立在导向性与激励性的基础上，通过建立评价体系，优化评价手段，引导孩子进行课外阅读，使他们爱读书、多读书、读好书、会读书，形成良好的读书习惯。基于此，阅读星级评价是一种有效的手段。那么，具体该如何操作呢？请各位教师谈一谈。

吴　念：朱熹有言："书读百遍，其义自见。"杜甫名句："读书破万卷，下笔如有神。"无不充分阐释了读书的重要意义。在大力推进阅读工作的过程中，如果没有相应的督评机制，"提倡"和"要求"最终还是会成为空谈。那么，怎样才能让孩子真正养成阅读的好习惯呢？我认为，利用星级评价阅读是一个不错的方法。

根据孩子的特点，我制定了适合我班的阅读星级评价操作机制。学校每天都有午读课，在每天的午读预备铃响后，孩子会轮流进行朗读，朗读自己喜欢的书籍中的一小段文字。如果能正确朗读这段文字，每次积一颗星，如果朗读得有感情，每次积两颗星。其他同学如果能正确评价他的朗读，每次积一颗星。午读开始后，教师会正式开始讲故事。在听故事的过程中，孩子能正确回答教师提问的，每次积一颗星；如果孩子语言组织能力强，回答充满奇思妙想，每次积两颗星。除此之外，我利用"校比邻"平台设置了每日阅读打卡任务。如果孩子能完成每日30分钟的课外阅读，每次积一颗星，阅读时间每多30分钟，多积一颗星。

俗话说："好记性不如烂笔头。"孩子都准备了一个摘抄本，阅读完后可以摘抄自己喜欢的好词好句，每周至少完成一次摘抄，有余力的孩子可完成多次，每次积一颗星。得到的星星有什么用处呢？每周五，我班都会举行"阅读之星"的颁奖仪式，孩子每积累十颗星就会得到教师奖的一个大拇指，每个大拇指都会收获到一个小礼品，五个大拇指就会得到教师颁发的"阅读之星"

第三篇　阅读论坛

奖状。

阅读星级评价操作机制实施以后，孩子踊跃地参与到课外阅读中来，养成了每天进行课外阅读的好习惯。闪闪的"星星"照亮了孩子的阅读之路，亮晶晶的"大拇指"激励着孩子不断前进。

符丽媛：阅读是孩子受益终身的最美的礼物。如何让孩子真正领略阅读的美丽，爱上阅读，而不是带着提升学习成绩的功利心阅读，阅读星级评价是我们所做的有效尝试。为更好地评价孩子的阅读能力，促进阅读活动深入开展，我们实施了多层面的星级评价，确定钻石星、水晶星、金星、银星、铜星五个星级评价，每颗星都制作成漂亮书签的形式，以阶梯评价标准呈现，通过实施评价对应每种星的标准奖给热爱阅读的孩子。激发和保持了孩子的阅读热情，提高了孩子的阅读素养，促进了孩子的全面发展。

确定星级评价的要求如下：

（1）钻石星：午读课能非常流利地复述故事，还能给同年级其他班级同学讲故事；保持浓厚的阅读兴趣，每期读书不少于40本；能及时、认真地填写阅读记录，并书写工整；能自觉做好课前准备；书包、抽屉非常整洁；能大方、自信地与人交流，热心参加阅读的相关活动，至少获得一次校级一等奖奖励。

（2）水晶星：午读课能比较流利地复述故事；有浓厚的阅读兴趣，每期至少读书35本；能及时、认真地填写阅读记录，并书写工整；能自觉做好课前准备；书包、抽屉非常整洁；比较乐于与人交流。

（3）金星：午读课能认真倾听故事，并能回答教师的提问；有较高的阅读兴趣，每期至少读书30本；能及时、认真地填写阅读记录，并书写工整；能自觉做好课前准备；书包、抽屉非常整洁。

（4）银星：午读课能认真倾听故事；喜欢阅读，每期至少读书25本；能及时填写阅读记录；能自觉做好课前准备。

（5）铜星：午读课会倾听故事；比较喜欢阅读，每期至少读书20本；能及时填写阅读记录。

上述星级评价标准作为评价依据，但不是唯一依据，可以根据实际及孩子的年龄特点进行修改完善，制订出更符合班情、生情的评价方案。

这种星级评价的有效方式，让阅读工作落到了实处，孩子的阅读兴趣越来越浓，阅读理解能力、写作能力、演讲能力提升很快。学校已真正成为文化底蕴深厚的书香校园。

丁　芳：读书不仅能够使孩子开阔视野，还能够巩固课内学到的各种知识，提高孩子的认读水平。超多的阅读能够将从课内学到的知识融汇到从课外书籍中获取的知识中，相得益彰。正因为如此，我们要引导孩子利用闲暇之余多读几本好书，鼓励孩子坚持阅读，形成浓厚的阅读氛围。为更好地引导孩子主动阅读，学校在每学期末评选本学期的"阅读之星"；每个学期内，各班可按月评选班级"阅读之星"。为便于考核评选，特制定本评分操作规则。

1. 评选目的

通过阅读星级的评选，表彰优秀，激励后进，带动全面，培养孩子良好的阅读习惯，让孩子爱读书、勤读书。

2. 评选时期

学校阅读星级评选时间范围为一个学期评选一次（上学期包含寒假，下学期包含暑假）。班级"阅读之星"的评选时间为一个月评选一次，一个学期内共评四次。

3. 奖项设置

学校"阅读之星"评选包含本校所有在读生，奖项共设置为五个等级，从高到低分别为钻石星、水晶星、金星、银星、铜星，各等级奖励人数占本班总人数的比例分别为钻石星5%、水晶星10%、金星30%、银星40%、铜星15%。

班级"阅读之星"由各班每月单独评选，每次评选10人。

评分标准：学校阅读星级评选分两部分评价，总分共100分。第一部分为校内阅读，总分共60分。学期内分四个月评分，每月15分。第二部分为校外阅读，总分共40分。按阅读时间赋予相对应的分值。每学期期末，统计孩子四个月的校内阅读评分和校外阅读评分，得出本期的阅读综合评分。根据孩子本期综合得分从高到低的顺序，在设定的获奖人数范围内评选出本学期的"阅读之星"。

班级阅读之星按月考核，每月总分15分。根据当月孩子校内阅读评分的实际得分，评选本班的"阅读之星"。

具体操作细则分为校内阅读评选和校外阅读评选。

校内阅读评分操作细则：

校内阅读每月评选一次，具体时间安排在每个月的最后一次班会课。学期内校内阅读评选总分为60分，按四个月平均计算，每月总分为15分。

月度评选根据孩子在五项内容的具体表现，由主管教师给出得分。其中，第一项为午读课阅读，最高得5分；第二项为学校阅读课，最高得2分；第三项为班级读书交流会，最高得3分；第四项为背诵古诗词，最高得2分；第五项为参加各类比赛类活动，最高得3分。五项合计满分15分，具体评分如下所述：

（1）校内每日的午读课阅读，阅读态度端正，能遵守纪律，按照教师的要求完成阅读，养成良好的阅读行为与习惯，每月最高得5分。如有违纪行为，在5分分值内实行扣分制，每违纪一次扣1分。

（2）在学校安排的每周一节的阅读课上，能够运用学过的阅读方法认真进行阅读，最高可得2分。如有违纪行为，在2分分值内实行扣分制，每违纪一次扣1分。

（3）每月的班级读书交流会，根据孩子的阅读知识与技能，按表现情况分为三个等级（优秀、良好和及格）。按等级评定得分，优秀得3分，良好得2分，及格得1分。

（4）学校要求背诵课标推荐的古诗词，能坚持每周背记一首得2分，当月有背诵得1分，当月没有背诵得0分。

（5）参加学校、年级各类讲故事、征文等比赛，参加者得1分，参加并获优胜者得3分。

（6）根据以上五项的评分结果，各班按阅读得分从高到低顺序取前10名，颁发读书章，并评定为本月该班的"阅读之星"。

校外阅读评分操作细则：

（1）每个评选时期内，坚持课外阅读时间60天内（含），每次阅读30分钟及以上时间为阅读达标，由家长监督打卡，主管教师核实后，每次记0.5分，最高30分。

（2）每个评选时期内，坚持课外阅读时间超过60天未超过90天（含），每天阅读30分钟及以上时间为阅读达标，由家长监督打卡，主管教师核实后，最高记7分。

（3）每个评选时期内，课外阅读时间超过90天的，每天阅读30分钟及以上时间为阅读达标，由家长监督打卡，主管教师核实后，最高记3分。

具体时间与评分细则表

阅读天数	60天内	61~70天	71~80天	81~90天	91天以上
评分标准	每天0.5分	共2分	共2分	共3分	共3分

每期期末，根据校内阅读四个月得分合计（最高60分），累加校外阅读得分合计（最高40分），得出本期期末阅读综合得分（最高100分）。各班根据孩子得分从高到低的顺序，按各星级对应的人数比例，将获奖名单报送学校，参加本期阅读星级评选。

第四篇

阅读课例

《爱笑的鲨鱼》阅读课例

南县实验学校教育集团　曹婕妤　刘青　陈素

【绘本解读】

《爱笑的鲨鱼》讲述的是一头名叫笑笑的鲨鱼，它是大海里最爱笑、最阳光、最有趣、最喜欢交朋友的鲨鱼，也是个头儿最大、牙齿最多的鲨鱼。正是因为它拥有大大的个儿、许多的牙齿，别的小鱼见了它都害怕，更不愿意和它玩。直到有一天，在小鱼遇到危险的时候，鲨鱼笑笑救了它们，并和它们成了好朋友。这个故事告诉我们：只要真心微笑、真诚并愿意帮助别人，就能获得更多的朋友。

【阅读总目标】

（1）理解故事内容，包括人物以及中心思想，懂得不要用外表衡量一个人的好坏，心地善良的人才能得到更多的朋友。

（2）培养孩子的胆量、观察能力、倾听能力、想象能力和表达能力。

（3）引导孩子通过观察插图、想象情节、角色体验等方式，感受阅读的快乐。

（4）能够生动地表演小鱼和鲨鱼的心理活动。

【阅读重点】

（1）了解故事情节，能简单复述故事内容。

（2）引导孩子通过观察插图、想象情节、角色体验等方式，感受阅读的快乐。

【阅读难点】

从故事中懂得只要真心微笑、真诚对待别人，就会赢得友谊。

【阅读准备】

多媒体课件。

【阅读课时】

三课时。

【阅读过程】

第一课时

（一）阅读目标

（1）通过观察封面，能完整地描述看到的画面，猜测故事内容。

（2）能专注地听故事，并积极参与交流，讲出故事的主要内容。

（二）阅读过程

1. 课前激趣，亮出故事

（1）根据表情猜心情的游戏导入故事。

（2）师：又到我们的故事分享时间了，今天老师要和大家分享一个温馨的绘本故事，故事的题目是《爱笑的鲨鱼》（出示封面图）。

2. 观察封面，猜测故事

（1）仔细观察封面，说说这是哪里？有什么人？在做什么？

（2）猜猜这头鲨鱼怎么笑得这么开心呢？

3. 师生共读故事

师（出示课件图片）：在遥远的、深深的、波涛汹涌的大海里，住着一头名叫笑笑的鲨鱼。它是大海里最爱笑、最阳光、最有趣、最喜欢交朋友的鲨鱼，也是个头儿最大，牙齿最多的鲨鱼。笑笑每天都能看见漂亮的鱼儿伴着朵朵浪花在大海里游泳、下潜、猛冲，笑笑也想跟它们一起游泳和潜水。可是，每当笑笑向鱼儿们微笑时，它们都会迅速躲开。

师：一天，笑笑游啊游啊。瞧，它遇见了谁呀？

（1）天使鱼（阅读故事第2～5页）。

师：笑笑微笑着问天使鱼："你愿意和我一起玩吗？"天使鱼一看，啊！一头露着大牙齿的鲨鱼！天使鱼吓得浑身发抖，以最快的速度逃走了。鲨鱼笑笑继续游呀游，又遇见了谁呢？

（2）刺鲀。①观察图片，说说这是一只什么样的鱼。②它愿意跟笑笑做朋友吗？

（3）海星（教师边讲边做动作）。

（4）水母、章鱼、鲇鱼。①配乐讲故事；②仔细看图，同桌互相想象说话：鲨鱼笑笑对水母、章鱼、鲇鱼微笑，这些鱼儿什么反应？③谁来安慰安慰笑笑?

（5）机智救鱼儿（阅读第6~8页）。①师生一起边听故事边做动作；②灵机一动：鲨鱼笑笑绕着渔网转了一圈又一圈，它能做什么呢？怎样才能帮上忙呢？快帮鲨鱼笑笑想想办法吧！

（6）"噢耶！"鱼儿们欢呼起来，"我们得救啦！谢谢你，鲨鱼笑笑！"从那以后，在遥远的、深深的、波涛汹涌的大海里（出示图片），我们都会看到——（围绕画面，孩子自由发言）

4. 回顾和讲故事

（1）根据填空补白故事内容。

在遥远的、深深的、波涛汹涌的大海里，住着一头名叫（　　　）的鲨鱼。它是大海里最（　　）、最（　　）、最（　　）、最（　　）的鲨鱼，也是（　　　），（　　　）的鲨鱼。每天，鲨鱼笑笑都能看见鱼儿们在大海里游泳玩耍，也想跟它们一起玩。可是，当笑笑向鱼儿们微笑时，它们都躲得远远的。鲨鱼笑笑呜呜地哭了起来，再也不喜欢微笑了。后来，鱼儿们全都被网住了，鲨鱼笑笑用微笑吓跑了渔夫。从此，鲨鱼笑笑和鱼儿们成了朋友。

（2）学生互相讲讲这个故事，看谁讲得生动。

（3）指名在班里讲故事。

（4）这是一条怎样的鲨鱼？要讲出理由。

5. 总结升华，好书推荐

（1）希望每个孩子学会真诚待人，才能获得友谊。

（2）打开魔盒，好书分享。《一个冬夜》

第二课时

（一）阅读目标

（1）在教师的引领下，孩子根据故事内容发散思维。

（2）让孩子体会主人公的角色，领会小鱼对笑笑态度的变化。

（3）鼓励孩子大胆想象，续编或改编故事，培养孩子的想象能力。

（4）引导孩子积极思考，给孩子创造交流发言的机会。

（二）阅读过程

1. 回顾故事

师：小朋友，昨天我们讲了一个什么故事呀？（指名答——《爱笑的鲨鱼》）

（1）小动物们为什么看到笑笑就逃跑呢？

（因为笑笑的大牙齿吓到它们了）

（2）笑笑做了什么事，让小动物们愿意和它成为好朋友呢？

（课件呈现图片：笑笑救小鱼）

2. 情景游戏，体验情感

（1）定格画面：笑笑出现后，小动物们被吓得惊恐地逃跑。（孩子边说话边做动作）

① 笑笑会怎样向小动物们打招呼？

② 其他小动物是怎么说的？怎么做的？

（2）定格画面：小鱼们被渔网网住了，拼命地挣扎，用尽全身力气也无法挣脱。这时，笑笑出现了……（播放乐曲）

孩子说说，笑笑是条怎样的鲨鱼？

定格画面：小鱼们和笑笑在海洋里快乐地玩耍。

小鱼们会对笑笑说什么？小动物们又会对笑笑说什么？

3. 创意表演，展示自我

（1）分组排练：根据自己的爱好选择所要表演的角色，表演时注意抓住人物的语气及表情动作，可选一小段表演，也可以整段表演。（排练过程中，教师进行指导）

重点指导：小动物们被笑笑吓跑后，笑笑的心情如何？

（2）孩子分组展示，教师及时给予鼓励及肯定。

4. 总结提升，电影推荐

（1）这个故事让人印象最深刻的是什么？

（2）推荐电影：《疯狂动物城》。

第三课时

（一）阅读目标

（1）让孩子联系生活实际，发挥想象力。

（2）培养孩子的概括能力、创新能力。

（3）让孩子创作绘画自己看到的、想象中的海洋世界。

（4）让孩子口头描述看到的、想象中的海洋世界。

（二）阅读过程

1. 回顾故事，介绍故事

依据孩子对故事的掌握程度指导孩子简单地概括故事。（引导孩子利用比较简单的概念图简单介绍作者、翻译、出版社、封面和故事的大概内容）

2. 引导观察，设计情境

（1）师：你喜欢鲨鱼笑笑吗？为什么？

（2）师：如果要你创作一个在海洋里发生的故事，你会创作一个怎样的故事？

（铺垫：课件先提供一些小动物，如海龟、珊瑚、海蜇、海马、螃蟹、水母、龙虾、白鲸、乌贼等）

（3）大比拼：小组创造性地编故事。

（4）以小组为单位，一个小组选择几种小动物，讨论它们会发生什么有趣的故事，鼓励并讲解。讨论好后由小组展示，其他同学评比。想获得"故事大王"的称号，必须达到故事生动、表达准确、声音洪亮这三个要求。

（5）评价并颁奖。

3. 联系生活，感受友情的美好

（1）鲨鱼笑笑想和鱼儿们交朋友，被拒绝后，伤心地哭了。后来，它和鱼儿成了朋友，过得很开心。所以，有朋友多快乐呀！聊聊你和朋友间的事。

（2）平时你是怎样与同学相处的？说说你和同学互相帮助的事。

（3）大家谈得真不错！看来，小朋友们的小脑袋里都已经有了自己的体会了。咱们看书就应该这样，除了仔细地看、认真地想以外，还要学会用心体会。这样的话，你的收获会比别人更多。

4. 故事推荐

（1）《扁扁嘴和尖尖嘴》。

（2）《传说中的荧光猫》。

《爱笑的鲨鱼》点评
南县实验学校教育集团　甘林转

绘本不仅有文字语言，还有图画语言，文字和图画用不同的方式表现同一个主题。绝大多数绘本都有一个故事，而"故事"就是高高在上的灵魂。因此，绘本教学是由表及里、由浅入深的体验和感悟。根据这个特点，我们围绕《爱笑的鲨鱼》设计了三个课时的教学：一是讲故事、听故事；二是表演故事；三是创编故事。

《爱笑的鲨鱼》塑造了一头长着尖利牙齿，又总是张大嘴巴的鲨鱼笑笑的形象。所有的海洋生物看到鲨鱼的时候，都会惧怕于它的威猛而敬而远之。但是，鲨鱼笑笑在可怕的外表下却藏着一颗善良、真诚的心。于是，恐惧和善良之间的矛盾就这样展开了。故事的最后，鲨鱼笑笑用自己的善良和智慧赢得了朋友的友谊。教师之所以选择绘本《爱笑的鲨鱼》，意在培养孩子交往的智慧：无论外表怎样，只要真心微笑、真诚帮助他人，就会被他人接受。

教学开始，教师让孩子观察封面图——一头长着尖利牙齿、爱笑的鲨鱼，从而引导孩子猜测本书可能会发生的情节。这不仅能引发孩子大胆的想象，更能激发孩子对这本书的阅读兴趣。

教师在讲故事的过程中，并不是一味从头到尾地讲述，而是围绕故事的内容，通过提问的方式给孩子提供一个自我探索、自我思考的机会，让孩子能带着问题走进故事。故事虽然讲完了，但此刻孩子还沉浸在故事中。若教师就这样结束，那么孩子仅仅只是知道这个故事，却不能从中收获故事背后隐藏的价值。于是，教师通过不同层次的提问，并以"鲨鱼笑笑救小鱼"的片段开展情境表演活动，不仅有助于孩子语言能力的培养，更有助于孩子良好人格的形成。

此外，教师还引导孩子以海洋生物原型作为主人公，创编故事，发散了孩子的思维，激发了孩子的想象，让孩子在讨论和展示中进行思维的碰撞，由此达到了训练思维的目的。

绘本教学很符合低年级孩子的阅读能力，比一般的纯文本更能激发孩子的阅读兴趣。若教师能在教学中渗透不同的阅读方式，以此让孩子积累阅读经验，学习阅读方法，将会更有效地培养孩子的前阅读和前书写技能。

《会动的房子》阅读课例

南县实验学校教育集团　邬　倩　刘　叶　涂志敏

【绘本解读】

《会动的房子》是中国作家冰波的绘本。他的绘本大都蕴含着丰富的情感，幽默与智慧并存，不仅吸引着3～9岁的孩子阅读，也深受成年人的喜欢。书中图画线条温和，运用了几种非常清淡的色彩构建画面——绿色、棕色、橘色。故事情节动人，勤劳而好奇的小松鼠想换个地方居住，它把房子建在一块特别光滑的大石头上，结果不可思议的事情发生了：第一天，房子移动到了大海边；第二天，又移动到了山脚下；第三天，又移动到了湖里。虽然每一次房子的变动都让小松鼠惊讶，但带给它更多的是惊喜。最后，谜底揭晓，原来是粗心的小松鼠把房子造在乌龟背上啦！从此，小松鼠和乌龟作为邻居可以满世界旅游了。这个故事告诉我们，每个人都有可能会粗心，人和人之间要互相体谅，这样可以收获到不一样的快乐，希望孩子能用心感受生活、热爱生活。

【阅读总目标】

（1）理解故事情节、人物与主题。

（2）培养孩子的观察能力、聆听能力、想象能力及专注力。

（3）引导孩子感受大自然的魅力。

（4）感知、体验和理解表达情绪的词汇。

（5）培养孩子的表达能力。

（6）让孩子感受阅读的乐趣。

（7）大胆想象，续编故事。

【阅读准备】

《会移动的房子》绘本、多媒体课件、小松鼠手偶、头饰、彩笔、绘画纸。

【阅读课时】

三课时。

【阅读过程】

第一课时

（一）阅读目标

（1）通过观察封面，培养孩子观察、想象、专注、表达的能力。

（2）通过讲故事内容，带领孩子了解故事情节，了解房子移动的奥秘，体会人物的情感世界及主题，尝试用表情、神态等来表现故事角色的心理变化。

（3）通过看封面和讲故事过程的提问，培养孩子推测故事情节。

（4）孩子在教师的引领下概括地复述故事。

（5）提供孩子思考、互动交流意见的机会。

（二）阅读过程

环节一：课前激趣，亮出故事

（1）与孩子互动游戏进行热身，导入故事。

（2）说明奖励机制，对孩子提出要求，并亮出故事。

师：著名教育家朱熹说："读书有三到，心到、眼到、口到。"希望同学们今天能用心体会、仔细观察、大胆表达，利用这三个法宝，就能获得教师带给你们的意外惊喜。

环节二：观察封面，猜想故事

（1）出示封面（没有标题），引导孩子观察。

（2）观察表情，猜想情节。

（3）介绍绘本作者和出版社。

环节三：用心视听，畅讲故事

（1）讲述故事的第一部分（第1～16页）。

引导猜想1：小松鼠睡了，可是房子还在动，会动到哪里呢？

（2）讲述故事的第二部分（第17～20页）。

引导猜想2：就在小松鼠惊恐万分时，湖里冒出了乌龟的头，这是怎么回事呢？

（3）讲述故事剩下的部分。

环节四：回忆故事，延伸讨论

（1）教师引导孩子回顾并理解故事情节。

（2）学生复述故事。

①师：同学们，你们会讲这个故事了吗？同桌之间讲一讲吧。

②学生汇报。

（3）师：你喜欢这只粗心的小松鼠吗？

（4）引导想象：小松鼠和乌龟还有可能去哪里旅行呢？

环节五：总结升华，好书推荐

（1）希望每个孩子都乐于感受生活、热爱生活。

（2）开启宝箱，好书推荐，冰波童话系列绘本。

第二课时

（一）阅读目标

（1）孩子在教师的引领下，根据故事内容发散思维。

（2）让孩子体会主人公的角色，领会主人公的情感变化。

（3）鼓励孩子大胆想象，续编或改编故事，培养孩子的想象力。

（4）引导孩子积极思考，给孩子创造交流发言的机会。

（二）阅读过程

1. 回顾故事

师：小朋友，昨天我们讲了一个什么故事呀？（指名答——《会动的房子》）

（1）小松鼠的房子会动，为什么会动呢？

（小松鼠粗心大意把房子建在了乌龟的背上）

（2）小松鼠的房子到过哪些地方？

（课件呈现所到之处：大海边——大山脚下——大湖里）

2. 情景游戏，体验情感

（1）定格画面：小松鼠从树上下来时，是怎么选择住处的？（孩子边做动作边想象）

它看到了什么？其他小动物是怎么说的？

（2）定格画面：说干就干，不一会儿，小松鼠就在大石头上造好了一间漂亮的新房子。

（3）情景描述：不一会儿，小松鼠的房子造好了，阳光照射下来，微风轻轻拂过，小松鼠看着自己的房子，开心地笑了。（播放乐曲）

孩子说说，这是一座怎样的房子？

（4）定格画面：小松鼠打开门一看，吓了一大跳：新房子跑到一个湖里了。

学生表演松鼠的表情、语言、动作。

3. 创意表演，展示自我

（1）分组排练：根据自己的爱好选择所要表演的角色。表演时注意抓住人物的语气及表情动作，可选一小段表演，也可整段表演。（排练过程中，教师进行指导）

（2）重点指导：看到了怎样的房子，心情、动作如何。

（3）孩子分组展示，教师及时给予鼓励及肯定。

4. 总结提升，电影推荐

（1）师：这个故事给你留下最深的印象是什么？

（2）推荐电影：宫崎骏的《哈尔的移动城堡》。

第三课时

（一）阅读目标

（1）让孩子联系生活实际，发挥想象力。

（2）培养孩子的概括能力、创新能力。

（3）让孩子创作绘画自己最想要的房子或卧室。

（4）让孩子口头描述想要设计的房子的特点。

（二）阅读过程

1. 回顾故事，介绍故事

依据孩子对故事掌握程度指导孩子简单概括故事。（可教孩子利用较简单的概念图简单介绍作者、翻译、出版社、封面、故事的大概内容）

2. 引导观察，设计房子

（1）师：你喜欢小松鼠的会动的房子吗？为什么喜欢会动的房子？

（2）师：如果要你设计一座房子，你会设计一座怎样的房子？

（铺垫：课件先提供一些地方，如草原、森林、北京、香港甚至太空等）

（3）设计师大比拼：小组创造性地设计房子。

第四篇 阅读课例

以小组为单位，一个小组选一个地方，讨论：你会设计怎样的房子？鼓励孩子讲解那些房子有什么特殊的功能。讨论好后由一个一个设计师上台讲，其他同学评。想获得设计师的称号，必须达到创新、表达准确、声音洪亮这三个要求。

（4）小组展示所设计的房子，评价并颁奖。

3. 绘制会动的房子

（1）师：你看到过我们人类有会动的房子吗？（有，房车）

（2）师：如果要你来制造一个会动的房子，你会用什么材料做？做成什么样子的？请画下来。

《会动的房子》教学点评
南县实验学校教育集团　高　曦

一、巧用低年级孩子的心理特征，激趣导入故事

教师根据低年级孩子好动、喜欢游戏的特征，设置了课前互动游戏环节，抓住他们的心理特征，在游戏中学习，以此来拉近与孩子的距离，提高他们对阅读的兴趣，对课堂充满了好奇，也使得他们乐于学。

二、故事开篇尊重孩子的想象，给予肯定的表扬

讲故事前，先出示封面，但没有标题，只有图片，这时教师引导孩子："从封面上你看到了什么？"学生将看到的说出来后，教师追问："能猜猜小松鼠现在的心情吗？"这时候就需要发挥孩子的想象力。有的孩子说它的松果丢了，心情不好；有的孩子说它做了个奇怪的梦，梦见自己在旅行；有的说它可能遇见恐龙了……无论孩子的猜想如何，教师都及时给予肯定的表扬，尊重每一个孩子的奇思妙想。这样，大胆想象的孩子就会觉得很有成就感，更加将注意力集中在课堂上。

三、畅讲故事，巧设问题，引人猜想

小松鼠在房子里，第一天在海边，觉得奇怪，但也没有多想，它听着海浪声还是睡得很香。到了第二天早上，房子却在山脚下了，环境优美，小松鼠还是睡得很香。那第三天早上呢？教师疑惑："小松鼠醒来会在哪里呢？"孩子发挥自己的想象，猜想小松鼠可能在山顶、树顶、岩洞、花丛里……无数的猜想都在等待接下来的故事。这样，孩子就希望故事像自己猜想的一样，对故事情节充满好奇，继续专注于听故事，并有所期待。

四、延伸讨论，层次清晰，层层递进

最后进行故事的梳理，教师巧妙利用问答式唤起孩子对故事的记忆。通过层层递进，孩子最终明白，我们要热爱生活，感受生活中的新鲜事物，敢于接受新鲜事物。

第四篇 阅读课例

《梨子提琴》阅读课例

南县实验学校教育集团　刘志勇　李松梅　梅宇慧

【阅读总目标】

（1）培养孩子的观察力、思考力和想象力。

（2）培养孩子说故事的能力。

（3）培养孩子专注聆听的能力。

（4）培养孩子有条理地表达所见、所想和所感。

（5）培养孩子的创造能力。

（6）培养孩子良好的人格。

【阅读准备】

多媒体课件、小提琴、头饰、彩笔、绘画纸、自制图画书的封面。

【阅读课时】

三课时。

【阅读过程】

第一课时

（一）阅读目标

（1）孩子能掌握封面提供的重要信息，有条理地描述观察所得。

（2）孩子能运用封面提供的信息进行合理的猜想或推想。

（3）孩子能专注参与阅读活动和掌握故事情节。

（4）体会音乐的神奇，感受音乐的魅力。

（5）让孩子懂得学会分享。

（二）阅读过程

1. 观察封面，了解信息

（1）教师出示封面，带领孩子观察与推想。

师：仔细观察封面，从上到下，你看到了什么？

提示：用完整的话说一说。

（2）大胆猜测故事内容。

师：你们猜一猜，在小松鼠的身上可能会发生什么故事？

2. 讲述故事，了解故事内容

过渡：到底在小松鼠身上会发生什么故事？

（1）讲述故事的第一部分（第1～11页）。

引导孩子想象：在森林的另一个地方，可能会发生什么事？

（2）讲述故事的第二部分（第12～23页）。

提问：动物们仰着头，看着这棵金灿灿的大梨树，它们会想些什么呢？

3. 回顾故事，拓展延伸

师：好啦，故事讲完了。现在我们一起来回顾故事吧！

（1）这个故事发生在哪里？故事里都有谁？

（2）森林里发生了什么变化？为什么动物们要开音乐会？

（3）假如你是森林里的动物，你会对小松鼠说些什么？

（4）你们有过像小松鼠这样和大家分享的经历吗？

4. 联系实际，升华主题

师：分享是传递快乐与美好，我希望大家把故事《梨子提琴》分享给你身边的亲人或朋友，让更多的人因为你的分享而感到快乐！好，这节课的分享就到这里，请大家做好下节课的准备。小朋友们，再见。

第二课时

（一）阅读目标

（1）回顾故事内容，复述故事，培养孩子的表达能力。

（2）表演故事，鼓励创意思考，培养孩子的团队合作能力。

（3）学会分享，学会关爱他人，培养良好人格。

（二）阅读过程

1. 回顾、复述故事

（1）故事的主人公是谁？在它的身上发生了什么故事？

（指导孩子模仿小松鼠拉提琴）

（2）谁听到了美妙的琴声？它们说了些什么？

第四篇 阅读课例

（模仿狐狸、狮子的语气说："我不捉你了，我要去听音乐。"）

（3）从小提琴里掉下一个东西后，接着发生了什么故事？

2. 演绎故事片段

（1）出示动物头饰，激发孩子的表演兴趣。

（2）小组合作表演故事片段（第8～13页）。

师：你们准备怎么来演这个故事片段？

提示：先分角色，再排练表演。

（3）选取两个小组上台表演，引导孩子学会观看，发现亮点，提出建议。

（如果时间允许，可根据孩子的建议再表演一次）

3. 联系实际，拓展延伸

（1）师：神奇的音乐让森林里变得又美好又安静，动物们也能友好相处了。你能和班里的同学们友好相处吗？你发现怎样做大家才能友好相处呢？

（2）师：咱们班的同学相处得怎么样呢？

（3）师：和同桌同学说说：你和小伙伴之间的故事。

（4）全班分享6班的故事。

小结：在《梨子提琴》这个故事里，小松鼠分享了美妙的音乐，分享了梨子，最后森林里变得又快乐又美好！因为友好相处，我们的班集体生活非常开心！如果人人懂得分享，互相关爱，相信这个世界也会变得更加美好！

4. 表演手语操

播放视频手语版《爱的奉献》，师生表演，感受爱的力量。

第三课时

（一）阅读目标

（1）写一写、画一画班级故事，培养孩子创编故事的能力。

（2）分享孩子的作品，培养孩子的表达能力。

（3）传递美好与快乐，培养积极向上、乐观开朗的性格。

（二）阅读过程

1. 出示故事书封面，激发创作兴趣

师：上节课我们一起分享了6班的故事，为了留住这些美好的回忆，我们一起来编写《安庄小学6班的故事》吧！（出示自制故事书封面）

2. 编写故事

（1）写一写、画一画班级里发生的有趣的、开心的、难忘的事或未来可能会发生的故事。

（2）给自己编写的故事取名字，并注明编者姓名。

3. 分享作品

（1）和小组内的同学分享自己的作品。

（2）全班分享，展示不同主题的作品，介绍作品。

（3）引导孩子学会欣赏，提出建议。

4. 鼓励完成创作，传递快乐

师：《安庄小学6班的故事》是6班每个小朋友的故事，希望小朋友们能认真完成或完善自己的作品。老师将把每个小朋友的故事合在一起做成一本故事书，放入班级图书柜，还可以复印几本放入学校图书室，和更多的同学、老师、家长分享我们的故事，让这快乐与美好传递得更远！

《梨子提琴》阅读指导课点评

南县实验学校教育集团　袁　洁

对于小学的低年级孩子来说，阅读略显困难，但又需要培养他们喜爱阅读的良好习惯。在这个阶段，绘本就是最好的过渡。低年级孩子喜欢直观、色彩鲜艳的图画，再配上恰到好处的简短文字讲述故事，符合低年级孩子的心智发展特点，深受他们的喜爱。

《梨子提琴》是一个关于音乐的故事，然而它不仅仅是在讲音乐。故事从小松鼠把一个梨子做成了一把带有香味的小提琴，并在松树上演奏开始，音乐在森林里回荡，动物们静静聆听音乐，月光下的音乐会……这些场景都诗意盎然，格外柔美。它传递给孩子的是一种美好，告诉孩子的应该是生命的美好栖居于何处，快乐和光明从哪里来！因此，教师将这个故事的主题确定为"感受音乐的美丽，传递友爱与美好"。

由于一年级孩子不太熟悉小提琴，教师设计课前互动，加入小提琴独奏，孩子闭眼倾听小提琴经典名曲《梁祝》，感受小提琴琴声的优美，给学生创造一个轻松听故事的氛围。接着，教师简单介绍小提琴，同时展示故事图片，让孩子的感觉更为丰富、具体、形象，充分调动他们的感官，让他们在流动的琴声中感受故事的美与乐。这一环节既激发了孩子听故事的兴趣，为孩子理解故事内容做了较好的铺垫，又培养了孩子的观察能力、表达能力与想象能力。

期间，教师设计了以下两个问题：

（1）森林的另一个地方可能会发生什么事？

（2）动物们仰着头，看着这棵金灿灿的大梨树，它们会想些什么？

第一个问题的目的是培养孩子的想象能力和说故事的能力，然而这一活动必须是建立在专注倾听和理解故事的内容之上。引导孩子理解和学习使用重复的语言讲故事，有利于叙事性语言的发展，也为低龄孩子续编故事提供了着力点。第二个问题的重点是要引导孩子表达自己的想法。大家想法不同，但对比之下，更容易感受小松鼠的做法是一种分享，为后面理解分享做了较好的铺垫，激发了孩子继续听故事的兴趣。这样不仅巩固了孩子对这本绘本的认识，还开动了他们的思维，进行了发散性思维的训练，张开了想象的翅膀，让孩子自由自在地遨游天空。

由于低年级孩子自控能力比较差，他们听故事兴趣浓，但一到回顾故事、拓展延伸，注意力就容易分散，所以兴趣就是推动孩子学习最好的老师。教师根据低年级孩子的年龄特征，设计了以下问题：

（1）这个故事发生在哪里？故事里都有谁？

（2）森林里发生了什么变化？为什么会发生这样的变化？

（3）假如你是森林里的动物，你会对小松鼠说些什么？

然而对于只听一遍故事的一年级孩子来说，能够完整并准确地回答出以上问题确实有难度。于是，教师又设计了以下问题：

（1）开始时，狐狸和小鸡怎样？后来呢？狮子和小兔子呢？它们为什么会有这么大的变化？

（2）一开始森林里只有谁在独自一人拉小提琴？故事结尾呢？

教师化难为易，化复杂为简单，引导孩子突破难点。整个环节下来，问题环环相扣，加上教师继续像讲故事一样与孩子互动，所以整堂课带给孩子的感觉是一直在听故事，让他们沉浸在轻松、愉悦的课堂氛围中，同时培养了孩子发现问题并积极思考的习惯和能力。

最后，教师出示准备好的动物头饰，告诉孩子下节课时会进行故事表演。这就像看动画片下集内容预告一样，让孩子充满期待！

在接下来的教学设计中，教师让孩子简单复述故事，培养孩子说故事的能力和完整表达的能力，同时模仿小松鼠拉小提琴，模仿狐狸、狮子的说话语气，再分角色演绎故事。这个片段酝酿矛盾冲突，能让孩子体验多种情感，再次感受森林里动物们的变化，感受到音乐的神奇与魅力！在这堂课上，孩子的活力与激情被最大限度地调动起来。

在课堂的尾声，教师不再局限于绘本内容，而是将情感延伸到孩子的生活中，让孩子自然而又真切地感受到这则故事的主题——传递友爱与美好。神奇的音乐让森林里变得美好又安静，动物们也能友好相处了。"同学们，你能和同学们友好相处吗？你发现怎样做大家才能友好相处呢？"教师有意识地引导学生联系生活经历，渗透要尊重、理解、关爱他人。"咱们班的同学相处得怎么样呢？"最后这个问题的目的是组织孩子创编故事，传递快乐与美好！教师此时出示自己设计的故事书封面，能够激发孩子创编兴趣。编写故事可以采取不同形式，写一写、画一画班级里发生的有趣的、开心的、难忘的事或未来可能发生的故事，再次勾起孩子对美好的回忆与向往。同时，课堂上引导孩子学习故事编构的方法，培养孩子创编故事的能力。从课堂到课外，无一不是在传递友爱与快乐。

在这样的绘本课堂里，孩子一定懂得了传递友爱与快乐的重要性。教师在设计时紧紧围绕绘本内容，但不局限于书本内容，从理解到感受到体验，由浅入深地多次进行拓展延伸，不仅让孩子感受语言文字的魅力，还能让孩子感受美丽的熏陶，引发他们内心深处情感的共鸣，激发他们的真情实感。今天这节课丰富了孩子的生活经验，培养了孩子的能力，相信孩子会因参与这样的活动而更加向上！

第四篇　阅读课例

《我绝对绝对不吃番茄》阅读课例

南县实验学校教育集团　赵孟丹　张 艳　刘进寒

【阅读总目标】

（1）培养孩子的观察力、思考力和想象力。

（2）培养孩子说故事的能力。

（3）培养孩子专注聆听的能力。

（4）培养孩子有条理地表达所见、所想和所感。

（5）培养孩子的创造能力。

（6）培养孩子良好的人格。

【阅读准备】

多媒体课件、绘本书、彩笔、图画纸。

【阅读课时】

三课时。

【阅读过程】

第一课时

（一）阅读目标

（1）孩子能完整地描述图书封面显示的资料。

（2）孩子从封面上的资料猜测故事的内容。

（3）孩子专注参与学习活动和掌握故事情节。

（4）孩子在教师的引领下概括地复述故事。

（二）阅读过程

1. 观察封面，了解信息

（1）师：同学们，你们好！今天，我给咱们班请来了两位新朋友。瞧，他们来了。

（2）出示封面图，带领孩子观察与推想。

① 师：同学们，仔细看一看，他们长什么样子？在干什么呢？

② 师：谁能完整地把这幅图说一说？

（3）根据故事题目大胆推测故事内容。

师：查理、萝拉的身上会发生什么故事？我们猜一猜。

（4）揭示故事题目，介绍封面信息。

师：在这个故事中，萝拉看着番茄就很烦恼。她总对哥哥说："我绝对绝对不吃番茄。"这就是我们要讲的故事——《我绝对绝对不吃番茄》。它是英国作家罗伦·乔尔德创作的，接力出版社出版的。

2. 讲述故事，了解内容

师：故事会像你们猜的这样吗？让我们竖起耳朵一起进入快乐的故事时光吧！故事开始了。

（1）讲述故事的第一部分。

（2）师：萝拉正是长身体的时候，她这也不吃，那也不吃，怎么办呢？如果你是查理哥哥，你有什么办法能让萝拉爱上这些食物？

（3）讲述故事剩下的部分。

（4）师：可是啊，萝拉还有一些不爱吃的食物。同学们，她会把它们想象成什么有趣的事物呢？

师：大家的想象真丰富，普通的食物在你们的脑海里变成了这么有趣、新奇、好玩的食物，连我都忍不住想快点吃到它们了。

3. 回顾故事，明白道理

（1）交流思考，回忆故事。

① 师：同学们，故事讲完了。我们闭上眼睛想一想，查理把那些食物想象成了什么？

② 师：同学们，现在你能完整地按顺序讲一讲故事吗？

（2）联系实际，感悟道理。

① 师：你们喜欢现在的萝拉还是以前挑食的萝拉呢？为什么？你的身边有像萝拉一样挑食的小朋友吗？你会对她说什么呢？

② 师：同学们，听了这个故事，你明白了什么？

总结：我们要长大就需要很多很多的营养，这些营养就像和我们捉迷藏一样藏在各种各样的食物里。我们只有不挑食，什么食物都吃，才能摄取全面

第四篇 阅读课例

的营养，长得健康、强壮。

第二课时

（一）阅读目标

（1）孩子在教师的引领下，根据故事内容发散思维。

（2）让孩子体会主人公的角色，领会主人公的情感变化。

（3）了解故事中蔬菜的基本特征，能大胆做出对蔬菜的联想。

（4）知道每种蔬菜都有营养，不挑食。

（二）阅读过程

1. 回顾故事

师：同学们，昨天我们讲了一个什么故事呀？（指名答——《我绝对绝对不吃番茄》）

（1）萝拉为什么绝对绝对不吃番茄呢？

（2）萝拉最后吃她最不喜欢的食物了吗？

（3）查理是用什么办法让萝拉喜欢这些食物的呢？

2. 情景游戏，体验情感

（1）师：现在我们一起演一演这个故事吧！你们喜欢哪个片段，就和小组内的同学演一演这个片段。别忘了加上表情和动作，开始吧！（排练过程中，教师进行指导）

（2）学生分组展示，教师及时给予鼓励及肯定。

3. 创编魔法语言

（1）师：查理根据颜色、形状、口感，把这些很普通的食物通过想象的办法，说成了很神秘、很奇特，萝拉从来没有见过的东西。所以，这让萝拉一下子有了兴趣，开始吃了。这种像魔法一样的魔法语言，是不是很神奇？

（2）师：你们刚才也和查理学说了这些魔法语言，想不想来挑战一下？同桌相互说一说自己最不喜欢吃的食物，并用魔法语言让对方很快喜欢上那些讨厌的食物。

4. 总结提升，制作食谱

师：你们觉得魔法语言神奇吗？它不仅让萝拉改掉了挑食的习惯，也让你们爱上了本来不想吃的食物。课后，调查身边家人的食物喜好，并为他们设计一个营养健康的食谱。

第三课时

（一）阅读目标

（1）让孩子欣赏故事中美丽的插图，培养孩子细致观察的能力。

（2）让孩子了解蔬菜的基本特征，能大胆对蔬菜进行联想，并创作绘画自己心中"绝对不会吃的食物"，培养孩子的创造力。

（二）阅读过程

1. 欣赏图片，想象说话

（1）出示几张蔬菜的照片，引导孩子观察、欣赏。

师：同学们，瞧！这里有很多好吃的蔬菜，这些东西既美味又很营养。看看都有什么？它们是什么样子的？

（2）师：其实，除了这些蔬菜，在我们的生活中还有很多美味可口的食物。你生活中最爱吃什么？最不喜欢吃什么？为什么？

（3）师：谁先说，你最爱吃的食物是什么？

红红的西瓜汁甜肉脆，

白白的豆腐软嫩爽滑，

尖尖的竹笋清脆爽口，

……

（4）师：有没有什么食物是你绝对绝对不会吃的呢？

生：我不爱吃螃蟹。

师：你们谁有办法让他吃螃蟹？

生：这是宇宙里的一种生物。

师：还有什么不爱吃的东西？

生：我不爱吃苦瓜。

师：哎呀，好像我也不爱吃苦瓜，你们有什么办法呀？

生：这是公主城堡里的绿色宝石。

师：嗯，下次我们来吃吃这种绿色宝石。再找一个同学来说说不爱吃什么？

生：我不爱吃虾。

师：这肯定不是虾，这是什么呢？

生：这是一种粉红色的小肉肉。

第四篇 阅读课例

生：这是一朵小花。

生：这是一种来自黄色星球的虾。

师：同学们太棒了！你们的想象力可真丰富，从食物的颜色、味道和形状上进行了大胆联想，把自己不喜欢吃的食物想象成有趣、有意思的东西，这样大家都会爱上原本不喜欢吃的食物，同学们都成了不挑食的好孩子！

2. 根据想象，创新绘画

（1）师：老师也收集了很多美食的图片，想看吗？瞧！这些食物好不好吃啊？其实你也能成为小小厨师或小画家哦！

（2）师：试着将你心中绝对不吃的食物变成最有趣、最美味、最有营养的东西，好吗？请大家拿出画笔和纸，开始画吧！别忘了给它涂上漂亮的颜色哦！

（3）教师巡视指导。（巡视与指导：发现没参与的或具有典型代表的作品；指导说话：我绝对绝对不吃的食物是_____，我将它想象成_____，我现在最喜欢吃的就是_____）

（4）师：请大家停下画笔，老师发现大家都画得很棒！谁愿意上台来介绍自己的作品？老师有一个要求：请上台展示的同学声音要洪亮，要说清楚你绝对不吃的食物是什么？你把这个食物想象成什么？其他同学可要认真倾听、用心欣赏哟！

（5）师生点评。

3. 总结评价

（1）师：我们掌声感谢这几位同学和大家分享了他们心中最美味、最有趣的食物。没有画完的同学请课后继续完成，并邀请你的伙伴或爸爸妈妈一起来欣赏。

（2）师：《我绝对绝对不吃番茄》的故事就要结束了。今天，每个同学都很棒，不仅画出了自己心中最美味的食物，还画得特别认真。以后我们可以多发现身边食物的美，将它画下来，养成不挑食的好习惯，好吗？同学们，再见。

《我绝对绝对不吃番茄》阅读指导课点评

南县实验学校教育集团　高 芬

孩子的认知水平在不断提高，他们富有观察力、好奇心，探究欲望强，有丰富的想象力。同时鼓励孩子大胆、清楚地表述自己的想法和感受，发展语言表达能力，也是语言领域的一项内容和要求。

《我绝对绝对不吃番茄》是一个关于挑食的故事。文章里有一个聪明的哥哥，为了让自己的妹妹不挑食，他想尽了各种各样的办法。从正面引导她吃下各种有营养的食物。这不失为教育孩子不挑食的好题材。所以，这是我选择《我绝对绝对不吃番茄》这本绘本作为教育契机的原因。

教学开始，教师让孩子观察封面图片，仔细看一看他们长什么样子，在干什么，从而引导孩子根据故事题目大胆推测故事内容。这不仅能引发孩子大胆地想象，更能激发孩子对这本书的阅读兴趣。

教师采用了以下教学方法：

（1）直观演示法：观察是孩子获得新知的最有效途径。多媒体课件通过鲜明、生动的形象激发孩子观察的兴趣，使孩子展开想象的翅膀，大胆地表达，为完成教学重难点奠定基础。

（2）提问法：提问能引导孩子有目的地观察，启发他们积极思维，这也是解决重难点的有效方法。教师将单一性、封闭式的提问方法改成启发式、开放式的提问，使每个孩子都能充分表达自己的意愿，获得成功的喜悦。

（3）想象讨论法：能开拓孩子的思维，是激发语言的重要方法。同时也极大地满足了孩子的好奇心理，促使孩子在讨论、想象中无拘无束地表达自己的理解与看法，更好地服务于重难点的突破。

整个活动，教师将遵循孩子的学习规律和年龄特点，始终以孩子为主体，变过去的"要我学"为现在的"我要学"，运用观察、讨论等学习方法，让孩子在看、听、想、说的轻松氛围中获得新知、发展能力、感受快乐。

教师用儿童化的语言，把故事读得很动听，孩子听得也很投入。整堂课的教学思路清晰，教学目标也很明确。

（1）首先问孩子：你喜欢吃什么？不喜欢吃什么？为什么？

（2）引出故事：老师带给大家一个故事，看看封面，你能发现什么？你觉得这个故事会讲些什么？

（3）如果你是查理，你怎样哄萝拉吃饭呢？

（4）为什么萝拉"绝对绝对不吃番茄"呢？

（5）教师用优美的声音读完了整个故事。

（6）让孩子把喜欢吃的东西画在纸上。

（7）作品展示。

教师将活动的开始部分设计为谈话导入，引导孩子观看图片，说说有哪些食物，再通过萝拉挑食，查理想出了用魔法语言把食物想象成不同的东西，让萝拉爱吃，引起孩子极大的兴趣。但是本课在开始部分占用了比较多的时间，时间上没有把握到位。

孩子在理解绘本的基础上能发挥自己的想象力，把蔬菜想象成了不同的东西，目标基本完成。孩子通过学说魔法语言，把生活中的一些食物通过想象把它们变成神奇的东西，发现原来自己平时不爱吃的食物也可以尝试着吃一吃，目标也基本完成。俗话说："教无定法，贵在得法。"要使一个教学活动获得成功，需要不断地尝试和探索，在实际教学中根据实际情况灵活地进行教学。让我们在新的教育理念的熏陶下，和孩子一起探索，一起成长，一起过幸福完整的教育生活。

绘本的价值是多元的。通过开展绘本阅读能促进孩子认知、思维、情感、态度等多方面的发展。好的绘本绝不会嘲笑孩子，相反会给孩子的"小毛病""小恶习"以及那些不太积极的情绪和心理以一个很合理、很可爱的解释，帮助孩子渡过成长的难点。

《小丑鱼》阅读课例

南县实验学校教育集团　杨　淑　刘亚军　史　纾

【阅读总目标】

（1）培养孩子的观察力、思考力和想象力。

（2）培养孩子说故事的能力。

（3）培养孩子专注聆听的能力。

（4）培养孩子有条理地表达所见、所想和所感。

（5）培养孩子的创造能力。

（6）培养孩子良好的人格。

【阅读准备】

多媒体课件、头饰、彩笔、绘画纸等。

【阅读时间】

三课时。

【阅读过程】

第一课时

（一）阅读目标

（1）孩子能完整地描述图书封面显示的资料。

（2）孩子从封面上的资料猜测故事的内容。

（3）孩子专注参与学习活动和掌握故事情节。

（4）孩子在教师的引导下说出故事蕴含的道理。

（二）阅读过程

1. 观察封面，了解封面信息

（1）师：同学们，又到讲故事的时间了。今天，老师要给大家讲一个有趣的故事，这个故事发生在奇妙的海底。

（2）出示封面图，带领孩子观察封面与推想。

师：大家看——哇，太美啦！你看到了什么？（引导孩子有条理地描述一下）

（3）大胆推测故事内容。

师：你们猜一猜，在小丑鱼的身上会发生什么奇妙的事呢？

（4）师：今天我要讲的是《小丑鱼》的故事。（教师举书给学生看）这是冰波叔叔写的，由教育科学出版社出版。

2. 讲述故事，了解故事内容

师：真的像你们说的一样吗？下面，请小朋友听老师讲这个故事。

（1）讲述故事的第一部分（第1～11页）。

在蔚蓝的大海里，有很多美丽的珊瑚礁，有的像鹿角，有的像菊花，有的像树枝……就像是海底的小森林。在这群珊瑚丛中，生活着很多各种各样的小鱼。它们五颜六色，有红色的，也有黄色的，形态各异，像一只只小精灵，在海底快乐地游来游去，不时吐出一串串晶莹剔透的小水泡。

它们一会儿游到这边，一会儿游到那边，好像有风在吹着它们似的。

可是，在这些鱼中间，有一条鱼的头非常大，它总是躲在珊瑚礁的缝里，不肯游出来。大家都在快乐地游，可它却难过极了。为什么呢？因为它总是觉得自己长得很丑。他想："我的头太大了，身子太小了，而且嘴巴也很难看，要是我的头能小一点，还能像它们一样有美丽的花纹就好了。"

于是，它找来一条头巾，把自己的头裹得严严实实。

在另一处珊瑚礁的缝里，也躲着一条小鱼，它也像大头小丑鱼一样不肯游出来。每当小伙伴们游过的时候，它总是把头藏起来，生怕小伙伴看到自己的样子。它伤心地想："我的头太小了，身子太大了，身上的花纹真难看！要是我的头能再大一点、圆一点就好了，那样多可爱呀！"

两条小丑鱼每天都偷偷地躲在珊瑚礁狭小的缝里，看着别的小鱼快乐地玩耍，一会儿荡秋千，一会儿捉迷藏，羡慕极了。它们多想立刻冲出去，投入大海的怀抱，和朋友们自由自在地玩耍呀。可是它们都觉得，世界上别的鱼都那么美、那么可爱，而自己却这么丑，还是不敢出来。

（2）师：小朋友们，两条小丑鱼躲在什么地方？它们为什么不出来玩呢？（如果孩子的能力不是很强，可以在这里停下来，问这个问题；如果孩子的能力不错，可以不用停顿，继续把故事讲下去）

（3）讲述故事的第二部分（第12～27页）。

有一天，一条凶猛的大鲨鱼游过来，它厉害的尾巴一摆，"呼——"海底便卷起很大的漩涡，把两条小丑鱼都卷出珊瑚缝了。两条小丑鱼慌乱地游来游去，都找不到自己躲的那条珊瑚缝了。它们跌跌撞撞，心里害怕极了。突然，"哎哟"一声，两条小丑鱼碰到了一起。生长在同一片珊瑚丛中的两条小丑鱼，长这么大还从来没有见过面。于是，它们你看看我、我看看你，都好奇地打量着对方。（它们见面后会想些什么？说些什么呢？肯定孩子的想象力）

大头小丑鱼惊讶地说："哎，你长得真美呀！头这么小！"小头小丑鱼不好意思地说："哪里，你才美呢，有一个这么大的头！""嘿嘿。"它俩都开心地笑了起来。

这时候，很多的小鱼都游到它们身边来了。有一条鱼说："你们真美，身上的花纹真好看！"另一条小鱼说："是呀是呀，你们是我见过的最好看的鱼！"还有的小鱼说："我以前怎么没看到过你们呀？我们可以成为好朋友吗？"两条小丑鱼这才注意到，这么多的小鱼，每一条都长得不一样，身上的花纹也不一样。其实，海底里的鱼儿一早就知道，它们长得不一样，每一条鱼都有长得美的地方，每一条鱼都好看。

从此以后，它们再也不觉得自己丑了，每天和小伙伴一起游来游去，一会儿游到这里，一会儿游到那里，就像风吹着它们似的。

3. 回顾故事，简要明白道理

（1）师：好啦，故事讲完了。现在我们一起来回顾故事吧！

① 这个故事发生在什么地方？

（这个故事发生在美丽的海底世界。其他答案也可以接受，如这个故事发生在长满珊瑚的海底，发生在五颜六色的海洋）

② 两条小丑鱼躲在什么地方？它们为什么不开心？

（它们躲在珊瑚礁的裂缝里。它们很难过，因为觉得自己长得丑，或觉得别人美、自己丑）

③ 海底发生什么事情，把它们卷出珊瑚缝？

鲨鱼卷起漩涡，把它们卷出珊瑚缝。

④ 它们相遇后发现了什么？

（它们相遇后发现对方都长得美）

⑤ 它们明白了什么？它们的心情怎样？

（它们明白了每一条鱼都长得美。它们开心了，每一天都跟鱼群快乐地生活）

（2）师：小朋友们，听了这个故事，你明白什么？

（3）师：大家说得太好了，正因为大海中生活着这么多独一无二的小鱼，所以大海才会这么美丽。小丑鱼是这样，我们每位小朋友也是这样。请小朋友们找一找自己的优点或自己会做的三件事，如我的笑容很可爱、我的眼睛很大、我的腿很长、我会唱歌、我会跑步、我会画画……明天上课，每个小朋友至少要说出三个自己的优点，越多越好。

第二课时

（一）阅读目标

（1）引导孩子回顾故事《小丑鱼》的主要内容，简要复述故事。

（2）让孩子从故事人物中明白道理，了解个人的优点，增强孩子的自信心。

（3）让孩子说一说同桌的优点，互相欣赏。

（4）提供孩子反思、互动交流的机会。

（二）阅读过程

1. 演绎表演，明白道理

（1）小组合作。

（选择2~3个精彩片段进行分组，每一个小组分配一个片段，小组讨论后先在组内分配好角色进行试演。每个小组几个人也需要提前分配好）

（2）小组汇报演出。

（选择每个片段的代表小组进行表演）

（3）师：老师觉得××同学表演动作很到位，你也能像老师一样夸夸刚才表演的同学吗？

（4）故事中的小丑鱼后来和鱼群快乐地生活，幸福极了。是它们的长相变了吗？为什么它们不再认为自己丑了呢？

（5）师：通过这个故事，你明白了什么道理？

2. 联系实际，拓展延伸

（1）学会欣赏他人。

①师：同学们，你们刚才看到了同学在表演时的闪光点。那你发现了平时在学习、生活中哪位同学的优点了吗？

② 指名夸夸同学。

（指导用赞美的语句，仿照故事中小丑鱼的语气与句式说，出示例句：哇，××同学，你的××真棒呀）

（2）学会欣赏自己。

① 师：我们班的每个同学都是最美丽的小天使，都有自己的优点。你了解自己的优点吗？我们每个人不但要了解自己的优点，更要学会欣赏他人，看到别人的优点和长处。

② 同桌交流。

③ 指定几个孩子在班级说说自己的优点。

3. 教师总结，拓展延伸

（1）回家夸夸自己的家长，至少说出他们五个优点。

（2）自己收集有关海底世界的图片，也可以收集其他美丽的图片。想象一下自己心中的美丽世界是怎样的，在家说给家长听。

第三课时

（一）阅读目标

（1）让孩子欣赏故事中美丽的插图，培养孩子细致观察的能力。

（2）让孩子创作绘画自己心中美丽的世界，培养孩子的创造力。

（二）阅读过程

1. 欣赏图片，想象说话

（1）出示海底世界的图片，引导孩子观察、欣赏。

（2）指名让孩子说出最喜欢哪幅图、美丽的海底世界有什么、颜色怎样、里面的海洋生物在做什么、有什么表情等。

（3）让孩子说出心中最美丽的海底世界或者其他美丽的世界是怎么样的，有些什么。

（先让孩子自己在心中想一想，然后同桌或者小组交流，再指名或选择小组代表发言）

2. 根据想象，创新绘画

（1）孩子根据自己的想象，在纸上自由绘画。

（2）教师巡视，适时推送富有创意的作品，指名孩子介绍自己的绘画作品。

《小丑鱼》点评

南县实验学校教育集团 危 花

一、关于故事教材的选择

杨淑老师这个故事选自冰波的绘本童话。绘本的价值是多元的，通过开展绘本阅读可以促进低年级孩子的认知、思维、情感、态度等多维发展。《小丑鱼》中的主人公形象鲜明，故事情节具有趣味性，寓意浅显易懂，能引导孩子积极发现他人的优点，增强自信心，体现了绘本的教育功能。

二、关于教学目标

杨淑老师在选择教材的过程中，根据低年级孩子的年龄特点和认知特点，结合绘本本身的内容，从阅读着手，以小丑鱼由不自信到相见后发现对方的优点变得自信为主线。因此，本次教学活动目标如下：

（1）在看看、猜猜、演演、画画等活动中展开丰富的想象，理解绘本画面所表达的意思，培养孩子的观察力、思考力、想象力和说故事的能力。

（2）培养孩子专注聆听的能力，有条理地表达所见、所想和所感。

（3）让孩子感受阅读的乐趣，培养良好的人格。

三、关于教学过程的设计

1.看图讲述。

教师出示封面图，引导孩子根据图片进行观察，推想故事内容。激发孩子对故事的好奇心，自然地过渡到教学活动中。

2.理解故事。

根据故事发生的线索，展开提问、讨论和分析。教师根据教材内容，把握阅读的节奏，抓住问题的关键，启发孩子对故事的高潮部分进行猜想，为揭示故事的哲理做好铺垫。

3.回顾故事，挖掘内涵。

在整个故事结束之后，回顾故事，一方面是对故事情节的统整，另一方面是对故事寓意的提升。教师引导孩子用关联词描述两条鱼的长相和故事情节，并用表演的方式加深印象。

4.拓展话题，从绘本故事到生活。

杨淑老师的教学设计根据课时安排层层深入，从故事的小哲理拓展到生活的大道理。

四、关于教学方法

在整个教学活动中，杨淑老师以"合作探究式的师生互动"开展，有效地激发了孩子的兴趣，让孩子自主探究学习，将互动式的动静交替灵活应用于其中。本节课中主要运用了多样性、启发式、开放式的提问，启发孩子观察与思考，鼓励他们根据生活经验大胆表达见解；在活动中运用多媒体教学，符合孩子爱看动画的特点。通过鲜明生动的形象，吸引孩子的注意力，帮助孩子理解和记忆，更好地理解故事的内容和所表达的情感。

五、关于教学效果

杨淑老师能深入挖掘此绘本所富有的教育内涵，自然地渗透教育元素，在教学过程中非常注重故事前后的连贯性，让孩子在充分发挥想象的同时，又顾及故事欣赏的完整性。运用了多种方法和手段，让孩子充分地自主思考、发表意见，始终坚持以孩子为主体，活动轻松自然。

《小猪变形记》阅读课例

南县实验学校教育集团　孟瑛　姚佳　闵婕

【阅读总目标】

（1）培养孩子的观察力、思考力和想象力。

（2）阅读绘本，学习初步阅读绘本的方法。

（3）了解小猪通过改变自己的形态寻找快乐的过程，激发孩子阅读绘本的兴趣。

（4）在阅读中懂得做自己最幸福，引导孩子努力做最好的自己，才能获得快乐。

（5）培养孩子说故事的能力。

（6）培养孩子有条理地表达所见、所想和所感。

（7）培养孩子的创造能力和良好的人格。

【阅读准备】

多媒体课件、小猪图、头饰、自制图画书的封面。

【阅读课时】

三课时。

【阅读过程】

第一课时

（一）阅读目标

（1）孩子能掌握封面提供的重要信息，有条理地描述观察所得。

（2）孩子能运用封面提供的信息进行合理的猜想或推想。

（3）孩子能专注参与阅读活动和掌握故事情节。

（4）阅读绘本，学习初步阅读绘本的方法。

（5）让孩子懂得做自己最幸福。

（二）阅读过程

1. 激发兴趣，导入故事

（1）出示谜语：嘴长耳朵长，一条小尾巴，光吃不干活，饱了就睡下。（打一动物）

谜底：小猪。

（2）师：说说小猪给你什么样的印象。

（3）师：老师也给大家带来了一只小猪，请大家仔细观察它在做什么。

（装上了翅膀，好像在学飞）

师：再找找封面上的其他信息。

（作者是英国作家本科特。这本书是由中国著名儿童文学家金波爷爷翻译的，书名叫《小猪变形记》）

（4）师：让我们一起看看书的第一页有什么精彩内容。你看到了什么？

（5）师：这么多动物在一起，你来猜猜它们之间可能会发生什么样有趣的故事？（孩子自由回答）

2. 讲述故事，了解内容

过渡：到底在小猪身上会发生一个怎样有趣的故事？

（1）讲述故事的第一部分（小猪依次变成长颈鹿、斑马、大象）。

引导孩子想象：小猪还有可能变成什么？又会遇到什么问题？

（2）讲述故事的第二部分（小猪又变成袋鼠、鹦鹉）。

提问：小猪发现变成别人都不好的时候，它会怎么想，怎么做呢？

（3）讲述故事的第三部分（小猪选择做自己）。

提问：最终小猪发现变成谁最快乐？

3. 回顾故事，拓展延伸

师：同学们，故事到这里就讲完了，我来看看哪个同学听故事听得最认真。

（1）师：小猪变成了哪些动物？

它最先想变成长颈鹿，然后变成斑马，后来又变成大象、袋鼠，最后变成小鸟。

（2）师：同学们，我们再来看看这张图，你发现了什么？

这张图记录的是小猪变形的过程。读书除了可以从目录上知道内容信息外，还可以透过插图知道绘本的内容。

（3）小猪最终成功完成了变身吗？最后它发现了什么？

小猪掉进泥潭，发现当猪最快乐。

（4）小猪为什么会觉得当自己最快乐？

小结：是呀，现在小猪再也不会摔倒了，也不会被水冲，更不会被倒挂在树上。在泥潭里，它想滚多久就滚多久，想怎么滚就怎么滚，多么自由呀！小猪终于懂得了做自己最幸福。

（5）师：同学们，你们有没有想要变成其他人的经历呢？最终成功了吗？

小结：每个人都有自己的优点和缺点。"尺有所短，寸有所长。"做自己才是最幸福的。

4. 联系实际，升华主题

师：每个人都是一个独立的个体。我希望大家把绘本《小猪变形记》分享给你身边的亲人或朋友，让更多的人因为你的分享感到快乐。这节课的分享就到这里，请大家做好下节课的准备。同学们，再见。

第二课时

（一）阅读目标

（1）回顾故事内容，复述故事，培养孩子的表达能力。

（2）表演故事，鼓励创意思考，培养孩子的团队合作能力。

（3）学会让孩子懂得做自己最幸福。

（二）阅读过程

1. 回顾、复述故事

（1）故事的主人公是谁？在它的身上发生了什么事？

（2）小猪都变成了哪些小动物？其他小动物说了些什么？

（模仿小猪炫耀的语气和其他小动物取笑小猪时的语气）

（3）小猪最后变形成功了吗？它发现了什么呢？

2. 演绎故事片段

（1）出示小猪变形的道具和其他小动物的头饰，激发孩子表演的兴趣。

（2）小组合作表演故事片段。

师：你们准备怎么演这个故事片段？

提示：先分角色，再排练、表演。

（3）选取1~2个小组上台表演，引导孩子学会观看，发现亮点，提出建议。

（如果时间允许，可根据孩子的建议再表演一次）

3. 联系实际，拓展延伸

（1）师：可爱的小猪总觉得别人是最好的，一心想变成别人。同学们，你们有没有想要变成其他人的经历呢？最终成功了吗？

（2）师：与同学说说你和小伙伴之间的故事。

（3）全班分享故事。

小结：《小猪变形记》这个故事里，小猪觉得别人是最好的，一心想变成别人。结果又是摔倒，又是被水冲，又是被倒挂在树上，吃了不少苦头，最终才发现当小猪是最自由的。每个人都有自己的优点和缺点。只有我们扬长避短，做自己才是最幸福的。

4. 拓展延伸，推荐书目

师：《小猪变形记》是聪明豆绘本系列中的一本。这套书可好看了，还有《火龙爸爸戒烟记》《乱七八糟的变色龙》《愿望树》等。希望大家都去看看，让越来越多的好书和我们交上朋友。最后，希望大家记住：做自己最幸福！

第三课时

（一）阅读目标

（1）写一写、画一画班级故事，培养孩子创编故事的能力。

（2）分享孩子的作品，培养孩子的表达能力。

（3）让孩子懂得做自己最幸福。

（4）培养孩子有条理地表达所见、所想和所感。

（二）阅读过程

1. 出示故事书封面，激发创作兴趣

师：上节课，我们一起分享了自己的经历。为了留住这些美好的回忆，我们一起来编写《八方小学二年级的故事》吧！（出示自制故事书封面）

2. 编写故事

（1）写一写、画一画班级里发生的有趣的、开心的、难忘的事或未来可能会发生的故事。

（2）给自己编写的故事取名字，并注明编者姓名。

3. 分享作品

（1）和小组内的同学分享自己的作品。

（2）全班分享，展示不同主题的作品，介绍作品。

（3）引导孩子学会欣赏，提出建议。

4. 鼓励完成创作，传递快乐

师：《八方小学二年级的故事》是我们班每位同学的故事，希望大家能认真完成或完善自己的作品。老师将把故事合在一起，做成一本故事书，放入班级图书柜，还可以复印几本放入学校图书室，和更多的同学、老师、家长分享我们的故事。

《小猪变形记》阅读指导课教学点评

南县实验学校教育集团　曹　洋

低年级孩子识字量不够，还不能够进行纯文本阅读，形象思维占主导，想象力丰富，正好是阅读兴趣的养成时期。绘本是由丰富的图片和简单的文字共同叙述故事的，故事中蕴含着深刻的道理，以图文并茂的方式呈现给孩子，透过图画和文字这两种媒介在两个不同的层面上交织、互动来诉说故事。不仅让孩子发挥想象力，看图猜测故事内容，也让他们对文字有了更加深刻的认识。

《小猪变形记》是一本富有童趣，贴近孩子生活，又富有哲理的故事。该书用一种奇妙的方式展示了这样一个历程：小猪总觉得自己不幸福，一会儿装扮成长颈鹿，一会儿装扮成斑马，一会儿装扮成鹦鹉，但是最后，这些创举都以闹剧告终。正当小猪被一连串失败打击得几近崩溃时，受另一头猪的启发，找到了真正属于猪的快乐。主人公小猪可爱的样子和大胆的举动，让我们很容易联想到孩子。在生活中，很多孩子都有羡慕别人，想改变自己的时候，他们有时就像小猪一样盲目地模仿，而对自身所具有的特点没有自我认识，总是在失败中慢慢地开始认识自我、认识他人。因此，教师引导孩子将故事中的经验迁移，明白做自己最快乐的道理。

在《小猪变形记》这篇阅读指导课的导入中，教师营造了一个轻松的氛围，引领孩子走进绘本。教师以猜谜语的方式进行导入："嘴长耳朵长，一条小尾巴，光吃不干活，饱了就睡下。（打一动物）"使得孩子顿时兴趣倍增。在教师的诱导点拨下，聪明的孩子一下子就猜出来了。猜完谜语后，教师顺着谜底"小猪"进行提问："说说小猪给你什么样的印象。"积极的发言使得孩子对接下来的故事表现出浓厚的兴趣。接着，屏幕上出现了一只坐在椰子树下手上拿着一朵野菊花的小猪，由小猪带领孩子阅读绘本，孩子带着好奇进入了一个好玩的故事。

期间，教师设计了两个问题：一是在小猪身上到底会发生什么有趣的故事呢？二是小猪发现变成别人都不好的时候，它会怎么想，怎么做呢？故事永远让孩子怀着无限的猜想和期待，它们之间可能会发生怎样有趣的故事呢？画面出现了长颈鹿，长颈鹿和小猪的故事有什么联系吗？这时，教师把注意点集中在小猪的身上。看看小猪的表情，它想干什么呢？教师很巧妙地引出课题。紧接着，教师又出示了一幅小猪学习长颈鹿变高的图片，吸引了孩子的注意力，营造了活跃的课堂气氛。教师趁机让孩子模仿小猪说话的语气，孩子们非常喜欢这些图片，由此激发了孩子的表现欲，课堂气氛轻松而愉悦。就这样，小猪碰见了大象、斑马、袋鼠、鹦鹉。每看到一个动物，小猪都会有一个好主意，用各种各样的材料努力变成它们。可是每次都出现一些滑稽可笑的结局，最后从一棵树上掉到泥潭里。小猪经过这样寻找快乐的旅行后，知道自己真正的快乐是什么了。最后揭示了本课的主题，同时也教会了孩子做人的道理——做自己最幸福！

对于低年级孩子来说，他们自控能力比较差，听故事兴趣浓，但一到回顾故事，注意力就容易分散。所以，兴趣是推动孩子学习最好的教师。教师根据低年级孩子的年龄特征，设计了以下问题：

（1）故事的主人公是谁？在它的身上发生了什么事？

（2）小猪都变成了哪些小动物？其他小动物说了些什么？

（3）小猪最后成功变形了吗？它发现了什么呢？

然而，对于只听一遍故事的二年级孩子来说，能够完整并准确地回答出以上问题确实有难度。于是，教师又设计演绎故事片段的环节。教师出示准备好的小猪变形的道具和其他小动物的头饰，激发孩子表演的兴趣。教师让孩子简单地复述故事，培养孩子说故事的能力和完整表达的能力，同时模仿小猪炫耀的语气和其他小动物取笑小猪时的语气，再分角色演绎故事。在这堂课上，孩子的活力与积极性被最大限度地调动起来。

在课堂的尾声，教师不再局限于绘本内容，将情感延伸到孩子的生活中，让学生自然而又真切地感受到这则故事的主题就是——做自己才是最幸福的。教师有意识地引导孩子联系生活经历，加深对自己的认识，传递美好与快乐，培养积极向上的品质。最后的环节是组织孩子创编故事。编写故事可以采取不同形式，写一写或画一画班里发生的开心的、有趣的、印象深刻的事或未来可能发生的故事，再次勾起孩子对美好的回忆与向往。同时在课堂上引导孩子学习故事编构的方法，培养孩子创编故事的能力。

在这样的绘本课堂里，孩子也明白了不少做人的道理：乐观的生活态度、遇到困难要积极动脑、要学会与他人团结合作等。绘本故事在趣味和无形中慢慢地给学生渗透为人处世的道理，感动着他们，教育着他们！